教练型领导者的自我修炼

陈序 安霞 ◎ 编著

企业管理出版社

图书在版编目（CIP）数据

教练型领导者的自我修炼/陈序，安霞编著.—北京：企业管理出版社，2023.11

ISBN 978-7-5164-2955-6

Ⅰ.①教… Ⅱ.①陈…②安… Ⅲ.①领导学 Ⅳ.① C933

中国国家版本馆 CIP 数据核字（2023）第 186716 号

书　　名	教练型领导者的自我修炼
书　　号	ISBN 978-7-5164-2955-6
作　　者	陈　序　安　霞
策　　划	蒋舒娟
责任编辑	刘玉双
出版发行	企业管理出版社
经　　销	新华书店
地　　址	北京市海淀区紫竹院南路 17 号　　邮编：100048
网　　址	http://www.emph.cn　　电子信箱：metcl@126.com
电　　话	编辑部（010）68701661　　发行部（010）68701816
印　　刷	三河市荣展印务有限公司
版　　次	2023年11月第1版
印　　次	2023年11月第1次印刷
开　　本	889mm×1194mm　　1/32
印　　张	8.25印张
字　　数	168千字
定　　价	68.00元

版权所有　翻印必究·印装有误　负责调换

序 言

有些人的人生很短，因为他们在走向结束；有些人的人生很长，因为他们永远刚开始。我经常遇到朋友问我："我的人生有太多遗憾，如何让我从头来过？""从头来过"，听似强劲有力，实则不然，转变一下提问方式，或许我们的人生会有所不同："为了自己想要的人生，现在的我应该停止做什么？多做什么？少做什么？"

这是13年前我的第一位教练导师Paul博士在课堂上提出的一个问题。这个问题间接改变了我的人生，它让我重新思考自己想要的是什么，那一年我31岁。人生就像一次旅行，安静的时候我们可以细细品味自己的情怀，然后带着情怀继续行走，书写自己的未来，这何尝不是一种乐趣呢？人生的长短不重要，重要的是我们为自己书写了什么样的人生，要如何做才不会远离自己的梦想。

这样的问题或许可以在本书中找到答案：人生是一条终身成长之路，这条路很长，走上它，就将迎来一次蜕变之旅。

成长的路很长。人们常说作茧自缚，昆虫为何要将自己束缚于如此狭小和黑暗的空间？为何不好好享受这段美丽时光？它们在等待破茧而出。它们知道，如果不这样做，永远也不能成为蝶。在茧中，它们定格自己的未来，审视自己的人生，锤炼自己的能力；在茧中，它们壮大自己的力量，丰满自己的羽翼；在茧中，它们等待着，等待着那一次蜕变。它们知道，不经历这些，时间终会抹去它们的美丽。

蜕变，让世界从无声走向有声，从黑白走向彩色；蜕变，让天地一切都在进化，让世间生机勃勃。生命就是一次次的蜕变，人在蜕变中走向成长。踏着荆棘，不觉得痛苦；有泪可落，却不是悲凉！相信未来不是梦，我们始终要用最饱满的热情和最灿烂的微笑，去成就人生的辉煌，遇见更好的自己。

人生最大的痛苦，就是心灵没有归属。人生中出现的一切，都无法占有，只能经历。我们只是时间的过客，总有一天，我们会和一切永别。既然无法占有，那我们可以留下什么？

每个人都在生命中缔造着奇迹，一颗勇敢的心，让我们每一天都在创造不同，有使命感的人生会让我们的道路变得与众不同。一份让每个人成为教练的使命一直在激励我前行！

很多人把自己的失败归咎于起点太低，其实，起点低并不可

序　言

怕，怕的是境界低。我一直就是一个起点很低的人，甚至曾经因此而自卑。

我出生在江西的一个小城市，从小到大，我一直是一个目标感很强的人。孩提时我就知道自己一定要走出这座城市，去追求自己想要的，那时唯一的出路就是高考。后来我成为学校里那一届考生中唯一一个去上海读大学的。

17岁，我满怀激情，来到上海，这是我第一次走出江西省。接下来的人生，我开始真正遇到起点低这个话题：出身贫寒；综合素质不高；参加工作以后毫无经验；跨行跳槽以后，起点又是同事中最低的……

后来朋友给我介绍了一门课程，就是教练课程，对此我闻所未闻，尽管朋友为我做了解释，说实话，我根本没懂。但是当时的我二话没说就支付了几万元的"巨款"报名学习，如果问为什么，我觉得主要的原因是，我凭直觉认为这是一门可以让我提高境界的课程。

课程的第一堂课就让我认识到了自己的起点确实很低。全班18个人，除了我以外都是外企高管或海归，大家都说可以听英文课，不需要翻译，只有我很不好意思地说了一句："我需要……"就这样，全班同学配合我听了15天中文翻译的教练课，我很感谢他们对我的包容。

还有一点给我印象很深，听课过程中别人都听得热情高涨，越听头抬得越高，只有我，头越来越低，我既听不懂，也不敢提问，害怕提出的问题很低级，下课也不敢和同学交流，害怕自己的观点被人嘲笑。就这样，一直坚持到第15天的毕业典礼上，每个人都发表毕业感言，我竟然说了一句"大话"："今天我因为自己是Paul的学生而骄傲，未来我要让Paul因为做过我的老师而骄傲。"说完我感觉天旋地转。

之所以如此的"不可一世"，是因为我相信，一个人起点低并不可怕，怕的是境界低，教练课程是能够引领我提升境界的。同时，我喜欢上了教练课程，喜欢就有希望做到10000小时，就有可能成为专业人士。

在公开场合喊出自己的目标，就会形成一个问责系统，我开始了我的教练10000小时之路。

一路走来我从来都不是被看好的那一个，不被看好，仍要敢想。我因为敢想开始了逆袭之路。逆袭，就是在逆境中成功反击，想着逆袭的，大多数是普通人。能逆袭的人，也应该有耐心，换个说法，叫具备延迟满足感。有一个著名的定律叫竹子定律：竹子用了4年的时间，仅仅长了3厘米，从第5年开始，它以每天大约30厘米的速度生长，短时间内就能长到15米。

也许，你在疑惑，竹子在前4年的时间里，仅仅长了3厘米，它在干什么？其实，你只看到了它在土壤之上的生长，但在土壤里，竹子的根在4年的时间中延伸了数百平方米！

序　言

有多少人，没能熬过那"3厘米"？哪有什么人生"开挂"，只不过是厚积薄发！逆袭的背后都是看不见的努力，逆袭是不自卑、不炫耀、不动声色的。

我2008年开始学习教练课程，2016年开始创业，至今，我没有想通过讲台授课来传播教练文化，一直通过自建互联网在线学习平台、线下教练技术轻学习平台来促使更多的人走近教练技术，五维教练领导力社群、51Coach智遇教练平台、教练百家讲堂、中国好教练、中国千人教练论坛，都是我创业的成果。

创业，是永无止境的探索，是永不确定的未来，它带给我们教训或荣耀、财富或智慧，但更重要的是，它带给我们一种使命——通过不断学习、成长、奋斗、进取，去实现短暂人生里最宝贵的价值。我把实现这种人生价值的过程，比作修行。

于创业者而言，修行是从容的牺牲，是不懈的苦行，是生命的涅槃。

很多人以为只有领导者才需要成为教练，其实不然。只要你想成为更好的自己，就需要成为教练。所以，某种意义上，教练能力是每个人都必须具备的一种能力。

在生活中，成长的过程告诉我们一个规律：无论我们有多高的天赋，我们都可能通过后天"不懈的努力"把它毁掉。所以我们需要"教练"自己，我们要不断地把从日常生活中得来的感悟运用于其他环境，获得更好的生活与工作成果。领导力更多地取决于我们是什么样的人，以及我们通过做什么样的事影响周围的人，帮助他人成为更好的自己。

在家庭教育中，三流的父母做保姆，二流的父母做老师，一流的父母做教练。今天，我们已经处在信息时代，处在"知识爆炸"时代，越有思考能力的孩子，终身学习的能力就越强，创造力就越强。孩子有判断能力、思考能力是思维发展的一个重要特征，这种能力的培养不再是我们告诉孩子如何去做或者是帮孩子做到，而是用教练的方式启发孩子独立思考。孩子有什么样的未来，我们需要与孩子共同思考，而不是替他思考。孩子是一颗种子，我们给他提供好的土壤，让他自由生长，同时，我们要成为孩子的教练，发现孩子的优势，让孩子学会对自己负责，过自己想要的人生。

在婚姻中，我们不再强调占有，而强调通过合作过好这一生，对，没听错，是合作！如果你把婚姻关系视为合作关系，相处就会简单很多。合作关系能维持下去的关键点是共赢，而共赢的基础是夫妻有共同的目标，相互尊重、倾听、信任、欣赏、鼓励、接纳，等等。

婚姻是学习获得领导力最好的老师，它教我们拥有宽容、自控等品质，因为唯有拥有这些品质，才能厨房有烟火、客厅有笑容、卧室有拥抱。怎样才能保持婚姻的新鲜感呢？每天见到的你都是不一样的，就新鲜了，所以，要让每天的自己更好一些。

序 言

在人际关系上，每个人都有一张网，各不相同，人随时在建网，随时在用已经建成的网处理事务。生活在这个社会分工细致、协助关系复杂的社会中，每个人都要有自己的人际关系资源，需要发展社会交往中的倾听与沟通的能力、处理冲突的能力、合作与协调的能力、说服与影响的能力，等等。有了这些，总有一天这个世界会给你一份丰厚的回报，促成你事业的发展。美国著名政治家本杰明·富兰克林说："领导者成功的第一要素是懂得如何建设人际关系。"

在管理中就更需要领导力了，有时候领导会遇到很多困惑：工作中对员工很好，但是员工不买账，越来越没有动力；对员工很严厉，结果是领导越吼，员工越差劲；对员工进行有效的授权管理，希望他们独当一面，却发现不知道从哪里下手。

有家大公司，其地方分公司发展中出现了问题。总公司的CEO就说："让我来吧，我来兼任这家分公司的CEO。"等他到任之后，分公司的人就来请教："您说吧，我们该咋干？"

没想到，CEO说："我不知道咋干啊！"不过紧接着他问了一句："你们觉得该咋干？"大家一个一个地试着出主意。CEO说："好，就按你们说的干！"一年后，分公司的业务大有起色。

CED成功的秘诀很简单，就是下面的三句话。

①我来了。

这代表一个好的领导者的责任和担当。

②我听听看。

一个好的领导者一般不先发表意见,而是先充分听取别人的意见,做到博采众家之长。

③你觉得呢?

提问是行动最好的催化剂。提问的目的不是得到答案,而是启发人思考,促成行动。

这个例子生动地说明:责任感、倾听能力、发问能力是一个教练型领导者需要具备的能力;重点不是你会做什么,而是你怎么激发他人实现目标。

领导力从来不是强制别人去做的能力,而是让他人按照自己的意图行动的艺术。

一个好的领导者,并不是自己什么都懂,亲力亲为,而是具有长远而明确的目标,能充分并持续不断地激发团队成员的积极性,并实现既定目标。

在今天这样一个时代,领导力的最高境界就是赋能团队成员。本书从道、法、术、器四个维度帮助你:

解密教练思维,跳出管理思维的坑;

学会自我教练,遇见最好的自己;

成为教练型父母,给孩子一个幸福的童年;

用教练式经营在婚姻中找回恋爱时的那份甜蜜;

用教练式沟通在人际关系中得到最多的糖果。

目　录

第一章　逻辑

❶ 管理逻辑 …………………………………………… 2
❷ 激励逻辑 …………………………………………… 9
❸ 绩效逻辑 …………………………………………… 15
❹ 反馈逻辑 …………………………………………… 20
❺ 金钱逻辑 …………………………………………… 26
❻ 动力逻辑 …………………………………………… 33
❼ 习惯逻辑 …………………………………………… 39
❽ 强兵逻辑 …………………………………………… 45
❾ 信任逻辑 …………………………………………… 51

第二章　原则

❶ 完整原则 …………………………………………… 58
❷ 自主原则 …………………………………………… 64
❸ 积极原则 …………………………………………… 71

❹ 选择原则 ……………………………………… 78
❺ 改变原则 ……………………………………… 85
❻ 创新原则 ……………………………………… 92
❼ 蘑菇原则 ……………………………………… 100
❽ 贡献原则 ……………………………………… 106
❾ Y^{23} 原则 …………………………………… 112
❿ 控制原则 ……………………………………… 117

第三章　策略

❶ GPS 策略 ……………………………………… 124
❷ N+1 策略 ……………………………………… 131
❸ 蚂蚁策略 ……………………………………… 136
❹ 手表策略 ……………………………………… 143
❺ 防坠策略 ……………………………………… 149
❻ 正向策略 ……………………………………… 153
❼ 热炉策略 ……………………………………… 160
❽ 古狄逊策略 …………………………………… 166
❾ 垃圾桶策略 …………………………………… 171
❿ 横山策略 ……………………………………… 177

第四章　工具

❶ 导航路径工具 ………………………………… 184
❷ 倾听沟通工具 ………………………………… 192
❸ 提问沟通工具 ………………………………… 199
❹ 霍桑效应工具 ………………………………… 204

❺ 情绪管理工具 …………………………………… 210
❻ 方向定位工具 …………………………………… 215
❼ 工作推进工具 …………………………………… 223
❽ 路径选择工具 …………………………………… 229
❾ 行动共创工具 …………………………………… 234
❿ 赋能引领工具 …………………………………… 242

第一章　逻辑

❶ 管理逻辑

【没有成员希望被管理】

某知名企业咨询公司的王顾问拜访客户公司,王顾问的团队曾经帮助客户公司顺利渡过经营中的一大难关,因此,客户公司的总经理对王顾问的来访非常欢迎,他兴奋地说:"王顾问啊,您来得正好,赶快帮我培训一下员工,我说什么他们都听不懂,我感觉我这个火车头怎么也带不动这一节节车厢啊……"

王顾问疑惑地开始对公司员工进行调研与评估。在对员工的访谈中,王顾问听到了完全不同的声音:"王顾问,您好好指导一下我们的总经理吧,他讲的全是天书,我们听不懂……"

领导者与员工无法对话,是许多组织的真实状况。很多时候,领导者喜欢将事情变得复杂且不易理解,喜欢引经据典,喜欢用管理大师的经典语录,喜欢用自己对管理的理解教导员工、管理员工，认为运用自己在管理方面的独特理解和高深造诣能够把员工培养好，把组织管理好，获得辉煌的业绩。但现实是，领导者中装腔作势而不自知者不在少数。

我的战略课程的老师是一家大型家用电器公司的前高管，这家公司的董事长是国内闻名的管理专家，国内有很多书都在介绍这位董事长在管理方面的理论和经验。在一次闲聊中我的老师说："我非常佩服我们的董事长，他能够做到与不同层级的员工有效沟通。与公司高层沟通时，他引经据典，将中外的管理案例与公司实际相结合来探讨，但并不给出具体的办法，而是让高层自己思考解决问题的方法；在与基层员工沟通时，他就会以倾听为主，用一听就懂的语言和小事例使员工感觉自己被看见、被尊重。这看上去很容易，做起来可不简单，好些人上去了就很难下来了。"

老师的评价中蕴含了不少的道理，这位董事长的领导力可见一斑。也正是在这位董事长的带领下，企业短短十几年就位列行业前三和世界500强。

中国有句俗话叫"上得厅堂，下得厨房"，是说贤惠的妻子能里能外，能高能低。管理不也应如此吗？向上可以"上得厅堂"，向下也要"下得厨房"，在不同的情境中，面对不同的人与事，应用不同的思维方式，既能游刃有余，又能达到最终目标。这种从心所欲而不逾矩的方式大概就是管理的至高境界吧。

从某个角度看，管理的对象是人、物、事三者之间的辩证关系。管理的目标是确保人与物结合后能够产出最大的效能，产生最佳的成果。有些领导者经常说"把人给我管住"，从这一句话中我们便可发现，在传统的认知中，管理通常被定义为"管人理事"。这个定义被不断强化，使人们普遍认为管理的主要工作就是管人。事实真的如此吗？

人的内在都渴望拥有自由，管理会给人带来压迫感，管理的约束越强，被管理者所感受到的压迫感就会越强。管得越多，管得越细时，压迫就会越大，冲突也就越大。显然，这背离了管理真正的目标。

我们中的大部分人，学生时代在家长和老师的"管教"中成长，工作以后在领导的"管理"中成长，表面上很听话，内在却有一颗叛逆的心。在今天这个时代，年轻人思考能力更强，思想更开放，更加追求自我价值的实现，更加向往自由，这使得年轻人对上司的管束反应也在增大，应用老一套"管人理事"的方法产生的冲突也在明显增多，导致组织中的很多管理活动成为围绕冲突的管理。那么，如何解决管理中的冲突呢？

我们可以尝试换一种思路来思考管理。组织中的一些事件和流程可以被管理，而人是有灵性的生命体，个体在不同的时空，面对不同的对象都会做出不同的行为，那么，一个组织中的众多成员又怎么能轻易地做到整齐划一呢？"管"又如何能使其充分发挥潜能呢？随着社会发展速度越来越快，科技日新月异，管理这一概念的内涵与外延都在发生改变，管的方式也要做出相应的转变。在这个强调协作的时代，如果我们的工作任务需要与他人一起来完成，那么管理工作就已经发生。既然合作很重要，那么人与人之间的关系就变得异常重要。人与人之间的关系讲"理"，这个"理"涉及情感连接与心性参透，管理的定义应从"管人理事"转为"管事理人"。

管理中很重要的一部分内容是使组织成员明白什么是最重要的。我们常看到组织的领导者每日忙于处理自己认为重要的事情，却很少花精力与时间去分析对于组织成员来说什么事情最重要，去支持成员合理地安排其工作。这使得很多成员仅仅凭借着自己对工作的理解付出努力，工作结果很难达到领导者与组织的要求也就自然而然了。

快速变化的商业环境使得企业竞争越来越激烈，领导者也需要不断提升管理能力以提升员工的工作效能。近年来，在管理领域流行一个新的概念——教练。20世纪90年代，教练技术从训练运动员的体育场被移植到组织管理领域。如果把组织领导者与体育教练进行对比，就会发现两者在各自组织中所担任的角色有很多相似的地方，比如，组织领导者无法做到事必躬亲；教练水平再高也不可能代替运动员上场比赛，他只是对运动员进行理念引导、技术指导、纪律训导，成绩仍需运动员本人取得。教练式的管理方法重在开发管理对象的潜能，指导、激励他人或者团队，通过组织的有效运行来实现某一目标。

通用电气公司前CEO杰克·韦尔奇揭示了一个简单而又深刻的道理：数字和目标不能帮你实现追求，只有员工能。有人问他，作为CEO，如果从头做起，他会有什么不同，韦尔奇回答，他会放弃传统的控制管理模式，转而在员工身上培育一种自我拓展的精神。这与教练的文化相契合，教练的文化更加注重激发对象的潜能、创造力和独立解决问题的能力，而不是简单地给方法。

教练型领导模式与传统型管理模式有很大的不同，教练与运动员往往有着更加频繁的互动和更加紧密的私人关系。领导力专家约翰·科特也曾指出："领导是通过一些不易察觉的方法，鼓舞一群人向某个目标努力的过程。"教练的作为完全符合领导的定义，只是其目标、团队和工作方式更为特殊。

从传统型管理者到教练型领导者，需要以下三个方面的转型：少说多听；少给方法，多给方向；不给方法，只给方向。

传统型管理者相对而言说的时间更多，与成员保持一定的距离，组织的发展方向多是管理者通过传达的方式告知成员；管理者持有的是"你为我工作"的思维方式；管理工作的重点是分配任务，适当授权，清楚地传达自己对成员的工作期望以及成员在目标未能完成时可能产生的后果，跟进工作过程；问题出现时，组织帮助成员寻求解决问题的方案。这一系列的管理行为以结果为导向,管理行为重在工作任务本身。

教练型领导者相对而言聆听的时间更多,与成员的关系相对密切;领导者更加了解每位成员的工作风格、优势、对职业发展的期望,帮助成员思考他们如何实现个人的工作目标;领导者持有的是"我怎么帮你"的思维方式;领导工作的重点是帮助成员在不同的工作环境中应用所学,更有效地发挥成员优势,提升成员的能力,帮助成员挖掘潜力,探索新的工作策略,培养成员的创造精神和思维能力,促进成员的个人学习,培养团队合作精神,关注成员的集体荣誉感,激励个人在工作上"更上一层楼"。这一系列的领导活动以愿景实现为导向,领导活动重在对过程的支持与对人潜能的激发。

授人以鱼不如授人以渔,从传统型管理者向教练型领导者转型需要领导者做到少给方法,多给方向,掌握倾听、交流、提问与不断激发的能力。

教练型领导模式与传统型管理模式还有一个很大的不同,就是前者不给方法,只给方向。正如前文提及的董事长的做法,只与高层探讨问题,不给具体的行动方案。在传统型管理中,很多管理者好为人师,喜欢告诉他人方法、流程,虽然初心是为了让对方少走弯路,提高效率,但这也限制了一个人的独立思考能力及其在自我探索过程中的成长,还会帮助对方养成依赖的习惯。组织用人，用的就是人的智慧与才能，管理者如果过多地给予要求与建议，会逐渐禁锢成员的思想，从而限制成员独立解决问题能力的提升，使团队的作用更难发挥。教练型领导者虽然不给予成员具体的方法，却会使用一整套有效的教练策略和教练方法使被教练者看到更多的可能性，帮助成员自己找到更多的方法，激发成员的潜力。很多时候，当事人的方法比领导者给的方法还要好，因为当事人比领导者更了解自己和自己的本职工作，他们离炮火更近。

小 结

一个观点：没有成员希望被管理，教练思维支撑你成为好领导。

一个转型：从管人理事到管事理人。

一个故事：董事长的智慧沟通。

一种思维：授人以鱼不如授人以渔。

一个实践：少说多听；少给方法，多给方向；不给方法，只给方向。

激励逻辑 ❷

【激励不是语言表达，而是你看到的真实】

谈及教练，你可能立即联想到体育，例如网球教练、篮球教练、足球教练、体操教练。教练这一概念应用于商界，已经有几十年的历史了，企业教练这一词语正在被越来越广泛地使用。不同的人对企业教练有不同的认知与定义，由此产生了不同的做法，其效果也有所不同。

一位名为添·高威的美国人率先将教练模式引入了商界，他是企业教练模式的创造者。

添·高威拥有一项特殊的才能，他可以在短短的20分钟之内，教一个不会打网球的人学会打网球，并因此在美国成为知名人物。有一位记者想要了解真相，于是与添·高威约定了一场采访。采访的当天，记者为添·高威带来了一位四十多岁、身材肥胖且常年不运动的女士，并对添·高威说："我们听说无论是谁，您都可以教会他打网球，我们想看看您怎么教会她。"添·高威明白这是记者朋友给自己的挑战。

设想我们是添·高威，面对这样的情况，会如何激励这位女士？我们有可能告诉她，打球可以让她更自信，让身体更健康，让身材变得更好，等等。然而深入地思考一下，你会发现，这些激励的话语的潜台词，也是这位女士听到的反馈是：你太胖了，你的身材不够好，你不够自信，你不够漂亮，等等。由此可见，当我们试图去激励他人的时候，往往会通过看到他的缺点去激发他行动的热情，然而每个人都听得懂激励背后的真实。当人们面对自己的缺点时，一般情况下会选择对抗或逃离。

添·高威却非常不同，他指了指这位女士，对旁边的记者说了一句简单的话："她一定学得会！"就是这一句简单的话，激发了这位女士的好奇心。

好奇心是做事的原动力之一。孩子的成长速度远远超过成人，其中一个主要的原因是孩子对这个世界充满好奇，他们愿意不停地探索这个世界，在探索中不断扩大自己的视野，改变与提升自己的认知，积累自己的能力。然而，随着年龄的增长，他们对这个世界的好奇转变为对世界的恐惧与担忧，失去了越来越多的尝试机会，同时也就失去了越来越多的成长、成功的机会。

在激发起女士的好奇心以后，添·高威开始教她打球，记者没有想到，20分钟后，添·高威真的教会了这位女士打网球。幸运的是，整个过程被拍摄了下来，很多心理学家便开始拆解分析添·高威的教学过程。心理学家们发现，添·高威的教学真的有科学依据与方法，他的教学过程分为三个阶段，每一个阶段分别解决不同的问题，达到一个明确的目的。

第一个阶段，添·高威并没有教这位女士如何打球，只是和女士交谈，通过对话帮助女士树立信心。

添·高威在对话中不断指出女士身上的优点，例如力量足够大，并且帮助女士想象在打球的时候，自己的优势是如何得以发挥的。当一个人基于自己的优势做选择与做决定的时候，就会充满自信。添·高威正是通过这种不断发现优势的方法，使女士建立了自信。

第二个阶段，添·高威开始教她打网球。

平时我们学打网球的时候，网球教练教我们的前几个动作通常是站位、握拍与击球。在刚刚开始学习的时候就学习专业的动作，使得我们在练习打球的过程中，会把大部分的注意力放在站位、握拍与击球上，体验到的一定是更多的错误，这些错误使得我们自信心受挫，从而失去对打球的兴趣，失去学习打球的动力。添·高威却不这样，他对女士说："打球的时候忘记一切动作，眼睛只要盯着球看就可以了，球过来的时候看着球，球打过去的时候也看着球;球过来时,用自己最擅长的动作击打球,只要打到球就算成功。"女士问:"打网球这么简单吗?"添·高威说:"对!就这么简单!没有你想的那么困难。"于是女士开始打球了。在女士打球的过程中,无论女士用球拍的哪个部位击球,只要击到,添·高威就会在旁边说:"太棒了,你做到了!"添·高威在不断地帮助这位女士形成正确的体验,于是这位女士的自信心一点点地增强,她开始展现更佳的力量与速度,很快就能够打到更多的球。

第三个阶段,添·高威开始尝试用一些方法引导女士用正确的动作击球。

当第三个阶段结束的时候,女士可以用基本正确的动作击打到大多数发过来的球。

添·高威就是这样教会了女士打网球。1977年,添·高威的才能被AT&T公司的总裁发现,于是AT&T公司请添·高威向公司的高管讲授如何教人打网球。在听课的过程中,高管们发现,添·高威教人打网球的原理与领导者带领成员创造高绩效的原理竟然如此一致!就在那一刻,企业教练模式的雏形产生了。此后,随着越来越多的心理学家、管理学家的关注和探索,教练技术便产生了。由此,教练技术与领导力创造了一个伟大的结合——教练型领导力。

教练型领导力的强大,并非仅仅体现在商业领域,在家庭教育中，其也能发挥强大的作用。与我一起学习教练型领导力课程的一位同学 A 就向我们讲述了自己女儿的真实故事。A 的女儿在初中一年级时学习成绩非常一般，A 学了教练型领导力的课程后，将教练的方式应用到了培养女儿上，改变了原来的教育方式，从之前的批评、指责甚至打骂转变为正向激励。她不再盯着女儿的缺点，而是不断地想方设法发现女儿的优点，一旦发现优点，便会客观地描述优点并鼓励女儿。有了妈妈真诚的认可，女儿慢慢地建立起了自信，成绩有了很大的提高，并最终考上当地最好的高中。当然，更重要的是，女儿在母亲的鼓励下找到了自信，这种自信能使女儿在未来的学习、工作与生活中持续受益。

真正的激励并非语言的艺术，也非说好听的话，而是需要领导者真正发现成员的优势，真诚地表达认可。优势的发现，并非来源于领导者的主观判断，而是来自领导者对成员的好奇心，当领导者对成员充满好奇时，才能真正地认识成员，帮助成员一步步建立自信，才能带领他们创造成功。

教练型领导力的核心是激励，教练式的激励不在于语言，而在于我们看到的一切真实。

小 结

一个观点： 激励不是语言表达，而是你看到的真实。

一个溯源： 教练技术的起源。

一个故事： 添·高威的故事。

一种思维： 激发好奇心的思维。

一个实践： 基于真实的激励，而非基于语言的激励。

绩效逻辑 ❸

【绩效改进是对卓越的追求】

是什么阻碍组织成员拥有更好的表现？企业教练先驱添·高威提出来的理论很好地给出了答案：绩效＝潜能－干扰。在添·高威看来，一个人表现不佳并不是因为他没有潜能，而是因为有太多的干扰，正是这些干扰影响了组织成员的表现与绩效。

生物学家做过一个有趣的实验。在一个玻璃杯里放进一些跳蚤，跳蚤立即轻易地跳了出来，反复测试发现，跳蚤跳的高度是其身高的 100 倍以上。接下来，把这些跳蚤放进一个加了玻璃罩的杯子里，跳蚤跳起来后，撞在玻璃罩上，却跳不出来。虽然跳不出来，但它们并没有停下来。一次次的碰撞后，跳蚤变得聪明起来，它们开始根据玻璃罩的高度来调整自己跳的高度，以免受撞到玻璃罩的痛苦。一段时间后，实验者将玻璃罩又降下一个高度，跳蚤们又一次次地碰撞玻璃，渐渐地再次调整自己跳的高度。玻璃罩被一调再调，逐渐接近了瓶底……最后实验者把玻璃罩轻轻拿掉，跳蚤们却并无察觉，它们已经从跳蚤变成了可悲的"爬蚤"！再后来，实验者在玻璃杯下点燃了酒精灯，玻璃杯烧热后，所有的跳蚤发挥出求生的本能，不再担心被撞，全部跳出了玻璃杯。

这个实验生动地说明了干扰和潜能发挥的关系。跳蚤有足够的潜能可以从没有加罩的玻璃杯中跳出，但是干扰却让擅长跳的跳蚤变成了"爬蚤"，这是多么可怕的事实！玻璃罩不仅罩在杯子上，还罩在跳蚤的潜意识中，罩在跳蚤的信念上，行动的欲望和潜能就这样被扼杀了。这样的例子在人类社会中比比皆是。

姜子牙并没有传说中的法术，却是一位拥有大智慧的人。细数姜子牙的故事，就会发现他的一生正是一个不断排除干扰发挥潜能，最终取得卓越绩效的优秀案例。

姜子牙刚出生时家里很穷，据说他长大后为了生活做过屠夫，开过酒馆，然而艰难的生活并没有影响他读书的爱好，经过常年的学习与积累，姜子牙通晓天文地理，经常研究治国之策，他渴望为国效力，展示自己的满腹经纶。据说后来姜子牙在商朝为官，看到百姓生活困苦，深受纣王暴政压迫，看不惯世态的他辞去官职，隐居于磻溪峡。姜子牙经常以特殊的方式钓鱼，直钩且不用鱼饵，这也就有了"愿者上钩"的典故。

周文王早就听说了姜子牙的贤能，到山林求贤，二人谈得投机，经常讨论治国兴国的良策，文王也是位学识渊博的君主，两人产生了相见恨晚的感觉。姜子牙以 72 岁高龄出山，尽心尽力地辅佐文王，是大器晚成的代表人物。

文王病重后，希望姜子牙能够帮助周武王理政。最后在姜子牙的谋划下，武王率大军彻底消灭了商朝军队，建立了周朝。姜子牙在政治上主张启用贤臣志士，选拔有真才实学的人为官，敢于启用异族，特别是吸纳了一批东夷人，为周朝的建设发挥了极大作用。

姜子牙历尽人间疾苦，在商朝短暂为官之后，又一直隐居山林，这一切非但没有干扰他追求事业的决心，反而使他更加坚韧。应用绩效 = 潜能 – 干扰。贫穷不怕，仕途受阻不怕，政府糜烂不怕，高龄更不怕，最终他将自己的潜能发挥到了极致，创造了伟大的功绩。而敢于启用异族，打破当时以血缘世袭为主要用人标准的传统，也体现出姜子牙是一位卓越的领导者，能够帮助成员排除干扰，发挥潜能。

回到当下，现实的干扰对于每一个人来说都时刻存在，因为人类有思想，人类每一刻都在思考。有资料表明，一个人从生到死，每天会产生 5 万 ~ 8 万个念头，其中对自己真正有价值的念头很少。所以，表面上看干扰来自外界，实际上所有的干扰都来自人们的内心，来自内心的恐惧、担心、嫉妒、紧张、压力等各种负面的感受，甚至也来自不负众望、超越自己等看似积极的念头，有时候任何想法、感受、情绪都有可能成为干扰。

一个人表现不佳，并不说明其没有潜能，更主要的原因是存在太多的干扰。想法、情绪造成了干扰，干扰影响了行动，行动妨碍了潜能的发挥。很多时候，我们不敢面对更大的挑战与目标，不是做不到，而是因为心里有着太多的干扰。

为什么会有这些干扰呢？干扰多半来自经历以及受周围环境影响产生的固有心智模式。孩童天真的心灵中并无"恐惧""担心"这些字眼，跌倒了可以爬起来，不怕说错话，不担心别人笑话……然而随着年龄的增长和周围的回应，人们逐渐形成了无数"应该"的信念和思考习惯。父母、老师、朋友等，他们对我们所做的事给予回应（指责、表扬、要求、打骂、嘲讽等），日积月累，我们便在此基础上建立了价值判断、心态反应和行为模式。

教练型领导者正是要支持成员弱化干扰，同时引导成员看到新的可能性。周文王不会因为姜子牙是古稀之年的老人而弃用他，姜子牙不会因为贤才是异族而放弃任用，因为他们看到的是人的潜能。只要领导者帮助成员弱化干扰，成员就会以卓越的表现和成绩回报。一个人看到了可能性才会从内心产生行动的心力，才愿意付诸行动，一旦开始了新的步伐，而且从中获得好处，便会渐渐脱离旧有的习惯，坚定地迈向新的道路。

我们经常把教练型领导者比作挖金矿的人，在挖金矿的时候挖出来的土一定很多，这些土就是干扰，只有将土去除，金子才会展现光芒。在管理活动中，领导者除了需要不断地辅导成员，提升他们的工作能力以外，还需要不断减少与消除成员的干扰因素，比如成员对工作的恐惧、担心、焦虑与不良心智模式，甚至是过往带给他们的信念系统。

小 结

一个观点：绩效改进是对卓越的追求。

一个理论：绩效 = 潜能 - 干扰。

一个故事：跳蚤的故事。

一种思维：掘金者的思维。

一个实践：多关注成员内在的干扰。

❹ 反馈逻辑

【一个积极正向反馈的价值,远大于数个负向反馈】

为什么组织成员看到领导者会绕道而走?在前文我们谈及绩效公式(绩效=潜能–干扰),我们可曾想过,领导者自己有可能也是组织成员的干扰中的一部分?

我曾经在国外看到一群艺术家在街道上作 3D 画,呈现的是悬崖、峡谷、火海、恐龙之类的危险恐怖画面,看起来非常逼真,很多路人看到后都纷纷绕道。路人绕的不是这幅画,而是自己内心的恐惧。很多时候,领导者在管理活动中也与街道上的 3D 画一样,让自己组织中的成员感到恐惧。

最近,一位朋友打电话说她自己得了一种病叫"老板恐惧症"。这种病平时没有什么表现,但是每当上司说"小李啊,你来一下"的时候就开始发作,症状是口干舌燥、脸色发白、焦虑不安⋯⋯

患有"老板恐惧症"的成员往往有这些表现：准备了一堆话术，上司直截了当问结论就蒙了；电梯里碰到上司不知道说什么，全程尴尬；上司在交代事情，却不知道他在说什么，也不敢细问；朋友圈吃喝玩乐的信息都屏蔽上司，怕他认为自己不务正业；发邮件和消息给上司前，会在文档里打草稿，怕直接在对话框里输入文字会不小心发出去⋯⋯

这样的"老板恐惧症"是如何患上的呢？

在管理领域流行着两种不同的管理方式。第一种是我们经常看到的，我们称之为"驯猴式管理"。

猴子是如何被训练的呢？在驯猴子的时候，驯猴人的手里总是拿着鞭子，他盯着猴子做错的地方，当猴子做错的时候，鞭子就会抽下去。在这样的管控下，猴子会尽力达到驯猴人的要求。训练完毕，驯猴人会在猴子的脖子上套一根绳索，因为如果不套住，猴子多半会跑。驯猴式管理方式下，老板总是盯着一个人做错的地方，并且给出负反馈。这种管理方式会使人产生强烈的想要逃离的感觉，正如被训的猴子，猴子没有跑并不代表它不想跑，只因为它跑不掉，一旦有机会，它会第一时间逃离它的主人。

现实生活中，父母教育子女有时也会使用驯猴式管理方式，很多人都在父母"做什么、不做什么"的命令中长大，小时候的我们心中都会产生一个愿望：快点长大！拥有自由！那时候的我们为什么不跑？因为跑不掉。所以，当我们长大，终于可以自由地做决定的那一刻，我们好开心啊，因为我们终于可以逃离了。那一刻，看着要高飞的我们，父母很不开心地问："你翅膀长硬了，想飞了？"我们内心的回答可能是："是的，这一天我等了很久了。"

驯猴式管理让人永远在等待可以逃离的那一天。很多时候成员还没有离开我们，或许并不是因为我们的管理工作做得有多好，而是因为今天的他们还没有能力选择离开。当他们有能力的时候，也许会第一时间离开我们。

当然，我们还可以选择第二种管理方式——驯海豚式管理方式。

如果有机会，我们可以去海洋馆看看驯海豚的过程，一定会得到很多启发和思考。每一次当海豚被放到独立的训练池后，海豚在里面自由地游来游去。当驯兽员发出指令后，海豚就会兴奋地从水中蹿出来，在空中打一个滚，打完滚以后，驯兽员会迅速地吹响口哨，并且丢一条小鱼给海豚。海豚受到激励，又跳起来，发现声音来了，鱼也来了！渐渐地，条件反射就形成了。一段时间以后，海豚又被放到训练池，为了更快地吃到鱼，海豚第一时间就从水中蹿出来，在空中打了个滚，可是，奇怪的事情发生了：哨声听到了，鱼没有了！海豚又做了一次相同的动作，结果还是只听到哨声而没有鱼。海豚是很聪明的动物，它做了一次全新的尝试：从训练池中蹿出来以后，在空中连续打两个滚。让海豚惊喜的是，两个滚打完以后，哨声听到了，鱼也吃到了！海豚由此养成了一种新的习惯，一种创造的习惯，它知道只有不断地创造，才可以不断地获得奖励，海豚表演的动作都是在这样的激励下形成的。这便是驯海豚式的管理。

我女儿上初中后的第一次家长会上，班主任叶老师讲了一个真实的故事。叶老师曾经教过一个学生，他现在已经是中山大学的学生了。这个学生在小学时是典型的"坏孩子"，他很聪明，但上课坐不住，没办法静下心听课学习，并且因为淘气还会影响别的孩子学习。随着年级的提升，孩子在各方面与其他孩子差距越来越大，小学毕业的时候成绩当然很差。他的父母因此担心，后来费了很多功夫把孩子送到这所中学，希望学校的严格管教可以改变他。但是事与愿违，初中开学仅仅一个月后，他的坏习惯又回来了。学校在了解这个孩子的情况后，把他调到叶老师的班级。

孩子刚开始的时候数学还跟得上，只是语文特别差，一个月来拼音不会读，生字不会写，对语文也没什么兴趣。对于这个孩子，教语文的叶老师是怎么做的呢？在上课的时候，叶老师只要发现他有好的表现，就会放大他的优点，在全班孩子面前赞美他："老师对你的表现非常满意，对你越来越有信心，你就是老师心目中那个能战胜自己的人，也是老师最佩服的、最了不起的人，我希望你能坚持。"下课后，叶老师也会及时与他谈话，让他明白哪里做得好，因为什么行为获得了表扬，使他对自己的行为有正确的认知。同时，叶老师与家长及时沟通孩子在学校的表现，请家长回家后让孩子分享自己的收获，使孩子有满满的收获感、被认可感。事实上无论是大人还是小孩，都渴望自己得到认可与表扬。孩子在家做作业时，家长会及时地肯定他、表扬他，老师则及时通过网络对他表达认可和赞扬。回到学校后，老师会再次在全班同学面前夸赞他坚持学习、认真学习的态度。这些让孩子逐渐重建了自己的行为模式，重新形成了对自己的认知与信心，就这样，他的学习进步很快，在初中毕业的时候已经是学校的优等生了。

这个故事实实在在地让我感受到，不同的教育方式产生的结果差距有多么大。试想如果老师和家长还是用驯猴的方式来对待好动的"坏孩子"，那会是什么样的结果！可能叶老师与"坏孩子"的家长并不知道什么是驯海豚理论，但他们用实践验证了这一理论的价值。

驯猴式的管理与驯海豚式的管理最大的区别在于：驯猴只盯着做错的地方给出反馈，驯海豚则盯着做对的地方给出反馈。驯海豚的方式也是我们经常说的教练型领导方式，这种方式最大的挑战是要更多地看到别人对的地方，激发别人的动力。教练型领导力的核心就是激发,是通过不断地去发现一个人做对的地方,帮助其获取更大的力量面对未来,创造更大的价值。在管理活动中,更多地发现成员做对的地方,比只看到成员做错的地方更容易培养成员的独立思考能力与创造力,让成员看见领导者不再绕道。

小 结

一个观点:一个积极正向反馈的价值,远大于数个负向反馈。

一个现象:"老板恐惧症"——老板本人成为组织成员的干扰。

一个故事:"坏小孩"的成长。

一种思维:驯海豚的思维。

一个实践:更多地看到成员做对的地方,给予积极的反馈。

❺ 金钱逻辑

【金钱不是一把万能钥匙】

很多组织在不停地尝试让组织成员将"薪"比心，努力让组织成员在薪酬上得到最大的满足，以激发成员的主动性、积极性，增强成员的协作精神，创造更高的组织绩效。然而，有时提供丰厚的报酬并不能达到以上目的，组织绩效仍无法得到显著提升。事实上，更多的组织不得不面对另一个现实——仅仅靠金钱的激励，有时不但不能提升组织绩效，甚至在某种程度上阻碍了绩效的提升。

2009年，波士顿联储进行了一项研究。几组参与者在完成既定任务的情况下，分别收到了相当于其1日、2周、5个月薪资的报酬，那些收到最多报酬的明星成员的绩效反而出现了明显的降低。事实证明，"拜金"并不是个人或组织发展的好兆头。

从某个角度讲，在管理活动中金钱确实可以为组织带来一些快乐，然而由金钱创造的快乐也有其鲜明的特点。

其一，金钱创造的快乐通常非常短暂。

权威机构在进行一系列的实验与分析后，告诉我们一组惊人的数据，其中之一是，加薪给组织成员带来的刺激仅仅持续3个月甚至更短的时间。

其二，人对金钱创造的快乐有成瘾性需求。

曾经有这样一个实验，心理学家在老鼠靠近脑干的部位植入了一个细细的电极，之后打开电源，记录老鼠的行为变化。虽然电极传导的电流非常微弱，但老鼠很享受这种刺激，而且老鼠发现在它们的笼子中有这样一个区域，每次走到那个区域，就会有微弱电流刺激，产生快乐的感觉，于是它们不断地返回笼子中的通电区域，寻求微电流的刺激。心理学家又进一步设计了这个实验，在笼子的一角设置了一个按钮，一按这个按钮，老鼠脑中内置的电极就自动释放微电流。实验的结果让人震惊：老鼠为了不断地感受微电流的刺激以获得快乐，不停地按压这个微电流按钮，甚至达到了一小时两千余次的频率；老鼠甚至会克服重重阻碍，忍住四肢被电击的疼痛，为自己"充电"。我们将这一微电流开关称为快乐开关，开启开关刺激了大脑中的快乐中枢，老鼠愿意为了获得快乐而付出。

我们将微电流的场景转移至组织的管理活动中，当组织将金钱作为激励成员最主要的工具时，那么管理活动既简单又复杂了。其简单在于，看似金钱可以解决一切问题；其复杂在于，组织中的绝大部分成员，甚至全部成员都没有可能用无限金钱来激励。这也就意味着在组织中，我们对快乐开关的控制权力是有限的。如果我们用金钱激励让组织成员形成了快乐的成瘾性需求，又没有满足其需求的能力，便会造成大量需求得不到满足的问题。

那么，是否仍要在管理活动中形成快乐开关呢？答案当然是肯定的，只是领导者们需要将焦点集中于可以无限、重复使用的资源上，而且需要确保这种资源一直有效。

激励通常有两种形式：一是外在激励，即组织通过提升工资、奖金、福利水平和社会地位等对成员进行激励；二是内在报酬激励，即通过工作任务本身进行激励（如被认可感、归属感、成就感、影响力、胜任感等）。在管理中，内在报酬激励往往具有更长久的有效性。

利物浦足球俱乐部是英格兰传统豪门俱乐部，但2005年后它的成绩进入低谷，十多年没有获得任何赛事的冠军，成绩也只徘徊在英超的中游，2015年10月克洛普中途接过教鞭，出任球队主帅。克洛普上任时曾说："四年后我可能赢得一座冠军杯。"当时大多数人都认为他不会成功。为什么大家都不看好克洛普呢？因为在当时的足坛，"金元足球"大行其道，用钱"砸"成名的好球员是取得好成绩的捷径。但利物浦俱乐部背后没有大"金主",克洛普只能靠自己。然而最终,他实现了诺言,赢得了冠军。

利物浦队崛起有四大成功秘诀。

第一,不靠金钱靠渴望。

利物浦队不依靠金钱刺激球员,而是依靠培养球员对冠军的渴望来提升他们在球场上的表现。不论是什么比赛,球场上的利物浦球员都会斗志满满,每球必争。

第二,培育好成员。

既然不能挥动"金元"大棒吸引大牌球员,就只能把钱用在刀刃上,用有限的资金吸引最合适的球员,信任新人,努力培养,让俱乐部"造血"功能发挥出最大的作用。在当时只看短期成绩的环境下,克洛普的做法难能可贵。

第三,领导者具有人格魅力。

不论球场上是什么情况,场边的克洛普脸上流露出的都是信任、坚毅与激情,场外观众看到克洛普的表情都会充满能量,场上的球员在厮杀中瞥见教练也会感到能量满满。

第四,培养团结、热情、向上的团队精神。

良好的团队精神保证了利物浦球员的向心力,虽然薪酬不是最高的,但他们能够禁得住其他俱乐部高薪的诱惑,这也保证了利物浦俱乐部人员的稳定。

在上述两个例子中,不论是小动物还是人类,都需要寻找到自己的快乐，只是方式有所区别。有调查表明，有些心理因素能使员工工作满意度和绩效考核指标达标率显著提升，最重要的是，一毛钱都不用花！是哪些方法比金钱更能提升成员绩效的呢？

第一，提升成员的目标感。

人们可以将他们所做的事情视为一份工作，这份工作能够提供满足自身温饱需要的财务收入；人们也可以将所做的事情看作一份事业，这份事业能够促使自己不断成长与进步，能够支持自己晋升到职业阶梯的顶端；人们也可以将所做的事情视为一种精神需求，由此获得比个人利益更重要的价值与意义。

有科学研究结果表明，职业不会决定员工看待其工作的方式，比如，外科医生不会比看门人更易将工作视为一种精神需求。那些通过工作获得精神成就的人，通常能全身心投入工作和生活，而不需要改变工作及生活的平衡状态。因此，如果组织能为成员确立一种目标感，将会显著提高成员的工作积极性及工作效率。

第二，帮助成员制定目标。

1953年耶鲁大学研究人员调查了当年的毕业生中有多少人对自己的未来有明确的、书面的目标和规划，结果是仅有3%。大约20年以后，研究人员再次调查了1953年的那届毕业生，有目标和规划的那3%的毕业生获得的财富，远超其余97%的毕业生所获得的财富之和。这一组真实的数据告诫世人，目标对组织绩效与个人绩效会产生多么深远的影响。

第三，给成员正向反馈。

定期反馈（特别是赞美）是改变行为最有效的方式之一。

曾经有一项研究得出又一组惊人的数据，研究者追踪调查了某一制造工厂的安全考核情况。在该工厂，定期反馈带来了近乎完美的安全考核得分。但当反馈停止时，安全考核绩效大幅下降；而当反馈恢复时，安全考核得分又一次飞速提升。

除此之外，还有数据表明：正式赞赏成员的优势比关注成员的弱点提升 10% 的绩效。基于优势的非正式反馈能够使成员绩效提高 39%；相比之下，基于弱点的非正式反馈只能使成员绩效提升 11%。同时，大量的事实也证明，当成员的表现消极时，适当的赞美可以激励成员继续努力，重拾工作的热情。

第四，教练技术。

英国移动网络运营商 O2 公司运用教练技术来管理部门经理，其分支机构实现收入目标的能力提升了近 30%，55% 的部门经理的绩效都得到了明显提升。如何运用教练的方式进行激励，本书其他章节会展开论述。

金钱也许能解决一些问题，但是尊重员工、善待员工、与员工对话、提升员工的目标感、给予员工赞美式反馈、利用教练技术，已无数次被证明是比传统的金钱激励更能激发组织活力、更能提升绩效的激励办法。这些办法能够使员工感觉到挑战并心存感激，可以成为提升生产力最强大的驱动力，可以使员工用心倾听组织的声音，提升敬业度，与组织共同成长。

小 结

一个观点：金钱不是一把万能钥匙，金钱只是保障因素。

一个故事：小老鼠的快乐开关。

一种思维：内在报酬激励的思维。

一个实践：尊重员工、善待员工、与员工对话、提升员工的目标感、给予员工赞美式反馈、利用教练技术。

动力逻辑 ❻

【"佛系",只是一件薄薄的外衣】

近几年,"佛系"这个词十分流行,职场中自然也少不了"佛系员工"。

"佛系员工",大抵心如止水,不悲不喜,以一种事不关己的态度看待一切工作;领导交代的工作任务从不推辞,但也绝不给自己揽工作;工作质量永远保证合格,但也不会创造惊喜。"有也行,没有也行;不争不抢,不求输赢"成了当下很多组织成员的心态。

2014年,日本的一本杂志使用了"佛系男子"的说法,这是"佛系"一词最早一次在公众场合出现。这个词的出现与日本已经进入"低欲望社会"的现状有很大关系。

有学者认为,中国也正在步入低欲望社会;但也有观点指出，由于中国与日本经济发展阶段的不同，我们表现出的"低欲望"不一定是真实的。的确，声称自己是"佛系"的青年们是真的不焦虑、无欲望吗？下文列了四种状态，如果"佛系青年"的情况符合其中一项或者多项，他就有可能是"伪佛系"。

第一，在意别人对自己的看法，有意无意地向周围人证明自己"佛系"。

第二，心里想着无欲无求，行动上还是在努力，不论是主动的还是被动的。

第三，看见别人努力，会觉得心里不舒服。

第四，觉得自己是真的不想争抢，顺其自然，但并不能从内心认可、接纳和享受这种状态，会时不时有"我应该更努力一些"的想法。

"伪佛系"之所以假装无欲无求，有两个方面的原因。一是"伪佛系"只是一种被动的习得性无助。本来可以采取行动避免不好的结果，却为了避免痛苦，提前躺下，放弃任何反抗，让自己舒服一点，这是对现实中的激烈竞争，对各种社会压力的一种逃避。二是"伪佛系"是一种策略性的印象管理。为了使自己更能融入群体，装作不争不抢也不想努力的样子。有的人还会借此一边降低潜在竞争对手的警惕，一边在他人看不到的地方暗暗努力。

如果团队中有这样无力的"伪佛系"，团队的领导者就需要反思自己的管理活动了。员工是一开始就"佛系"，还是逐渐变得"佛系"？

关键一点是组织有无与"伪佛系"员工的沟通机制。如果日常管理活动仅就事件本身展开，而对员工的状态、情绪、思想等不管、不顾、不问，则是组织的自私，使得员工感觉自己长期处在低报酬的打工状态，认为自己是工作的机器。员工不会认为工作不但是为组织，更是为自身，加之预见的职业前途一片灰暗，久而久之，便不自觉地"佛系"起来。

那么，如何才能唤醒组织中的"佛系"成员呢？

1. 领导者要转变旧有的观念

身处新时代，员工并不是简单地受雇于组织，从表面上看，员工是为组织、为上司工作，但实际上更是为自己而工作。领导者需要认识全新的协作关系，站在员工的立场，将自己的角色由员工的管理者转变为员工的合作者，将自己的工作由管理性的工作转变为服务性、支持性的工作，将关注自己的收获转变为关注员工的收获。

2. 领导者要帮助员工保持初心

每一个刚刚踏入职场的员工，都怀揣梦想，激情洋溢，摩拳擦掌地准备大展宏图，然而，工作时间久了，发现现实与当初的梦想渐行渐远，索性放下追求，变成"佛系"员工。员工作为有生命、有思想的个体，需要组织、领导者的尊重、关注与认可、激励。领导者在管理活动中，需要在与员工的沟通交流方面投入更多的精力、时间与情感，与他们聊聊初入职场的兴奋、完成第一个任务的喜悦，一起回忆当年的年少模样、当初的野心和希望，引导他们制定有挑战性的人生目标，规划职业生涯，与他们一起确定一个个小目标，在工作中，不断给予员工鼓励与认可，支持他们重拾信心。

3. 领导者可以通过"有效对话"帮助员工"去佛系"

（1）与"佛系"员工谈"心"

一部分"佛系"员工具有娱乐精神，有接触现代社会各种新鲜事物的兴趣。从这一角度出发，与他们谈谈心，不仅有助于营造对方喜欢的上下级氛围，博取对方的好感，而且对于进一步拓展工作话题，去掉他们身上的"佛系"气场大有帮助。

（2）与"佛系"员工谈"信"

这里的"信"指的是信念、信心。华为技术有限公司主要创始人、总裁任正非经常与身处逆境的员工保持对话，帮助员工在工作和生活中重拾信心。

（3）与"佛系"员工谈"事"

"佛系"员工不是命令驱动型群体，传统的工作任务安排方式对其已经不太适用。领导者需要在下达任务之前与员工充分沟通，在沟通的过程中，要尽可能多地提供与此任务相关的信息，明确地告诉员工为什么要做这件事，以及要达成的目标。这样做会让员工感到自己受重视，从而认真迎接工作任务甚至挑战。

（4）鼓励表达

"佛系"员工有一个特点：不抗议，不讨论。看上去他们失去了思考和表达的能力，面对工作安排说一句"好的"，客户突然要求提前一周给方案，还是一句"好的"，不问原因，也不考虑是否可执行，总是被动接受，默默照做。领导者要有意识地鼓励员工针对某项工作进行自主思考，引导员工表达自己的想法。在每个项目的开始和结束时，领导者要创造仪式感，制造共同的回忆，强调组织的使命与个人的使命休戚相关。在任务结束后，主动邀请员工进行复盘，总结项目中的收获。

（5）制定更高的目标

领导者可以适当地为"佛系"员工安排更有挑战性且需要团队协作的工作，帮助其明确工作中的目标。这促使"佛系"员工主动查找资料、咨询同事，并由此养成自主学习和提升能力的习惯，学会自主沟通，在不断的行动中"去佛系"。

在生活中，不焦躁，不执拗，平和度日自然是上上之选；然而在工作场景中，每位组织成员仍需要有追求，有梦想，有压力，有挑战。所谓的"佛系"不过是保护罩，当"佛系"员工逐渐成为组织中的主要群体，组织的发展与绩效却有赖于他们来实现时，领导者要与"佛系"员工建立健康、积极的关系，使整个组织处于正常的运营轨道。加速组织进步是领导者的职责，更是领导者的挑战。

小 结

一个观点:"佛系",只是一件薄薄的外衣。

一个现象:"伪佛系"。

一种思维:"去佛系"思维。

一个实践:与"佛系"员工进行有效对话。

习惯逻辑 ❼

【管理的核心不是管控行为，而是使被管理者养成习惯】

领导者在工作中总会觉得员工的某些行为、某些工作方法不好，于是想方设法去改变。然而，员工是有独立思想的个体，除非其愿意接受，否则领导者很难将自己的思维方式、想法、习惯强加给员工，更无法如同控制一台机器一样控制成员的行为。

领导者承担维持组织发展、运营的责任，面对竞争需要做出各种应对决策，以谋求更好的发展；员工是业绩创造的重要资源，领导者自然会应用各种策略，促使员工向自己想要的方向发展，希望员工可以像自己一样工作。然而，员工各有其特点与性格，真正能够决定员工做什么的只有员工自己。领导者可以做的是影响员工、激励员工、指导员工去做该做的事情，而非一味地指责员工为什么不按自己的要求做。

一个人的行为受思维控制，若要影响一个人的行为，首先要影响他的思维。在日常管理活动中，领导者往往将更多的精力聚焦在对员工行为的管理上，而非对员工思维的管理，往往运用职位的权威命令员工工作。行为管理的弊端在于，使人的行为发生一次改变很容易，而使人持续发生改变甚至形成新的习惯绝非易事。良好的管理将目标不仅集中于员工行为的不断改善，更集中于使成员形成良好的习惯。

每个人都会为自己创建一个舒适圈，习惯在自己的舒适圈中活动，但是我们想要达到的大多数目标却在舒适圈之外。每当冲破舒适圈，因为要打破自己的习惯，人就会感觉不舒服，于是很多人为了追求舒服而回到原来的位置。当然，也有一些人善于打破自己的舒适圈，选择挑战自己，他们每一天都在创建比前一天更大一点的舒适圈，这个舒适圈在扩展得足够大的时候，自然会包含他们的目标，目标的达成也就成了自然而然的事情了。

舒适圈的大小，决定着可以掌控的资源的多少，也意味着影响力的大小。想要增加自己的掌控范围，扩大自己的影响，就要扩大舒适圈。扩大舒适圈最大的挑战是创建比昨天更大的舒适圈，如何做到呢？

关于习惯，有一个大家熟知的"21天效应"：一个人的行为或想法，如果重复21天，就会变成一个习惯性的行为或想法。然而，因为有舒适圈的存在，我们在21天中可能因为感觉不舒服便放弃了，新的习惯养成的基础也被自己亲手击碎。可是，总有那么一群人能够成功。

员工之所以愿意每天等待，是因为他们活在自己想要的目标里，因此，对待每一个工作任务，领导者需要制定员工想要的目标，因为人只会为自己想要的目标付出努力。哈佛大学心理学教授戴维·麦克利兰说："管理就是一场影响游戏，真正优秀的主管不仅要考虑到员工个人的需求，更重要的是影响员工的想法与行为。"

但是，确定的目标有可能只能确保员工做到一次，那么如何确保员工做到21次呢？这就需要领导者拥有教练能力了。从上面的分析中我们看到，人的思维受目标的推动，从而产生行为，因此我们需要使员工感受到他的每一次行为都使自己离目标更近了一步。然而，大多数情况下，每一次行动产生的成果微乎其微，甚至小到让人感受不到。

曾经，我尝试通过长跑瘦身，我的目标是瘦身10千克。因为有这个目标，我便开始了我的第一次5000米路跑。当第一次跑完5000米的时候，我所有的感受都是负面的，累得想吐，感觉腿都不是自己的了，体重却没有任何变化。在这种结果的影响下，我有些退缩了，想要回到自己的舒适圈。幸好，我知道人性的规律，所以我在跑之前为自己找了一个心理教练。

当我跑完的时候，教练的电话打了过来。教练做了第一个教练动作：支持。教练支持的方式是充分倾听我跑完的负面感受。

倾诉完之后，我竟然觉得没那么累了，原来我只是想说而已。紧接着教练对我做了第二个动作：鼓励。他对我说，我是他这段时间遇到的第一个第一次就能跑完5000米的人。我听了以后热血沸腾，感觉自己重新燃起了热情。教练还询问我流汗的感受如何，以及路跑中遇到的一些好玩儿的事。聊着聊着我才发现跑步过程中竟然有这么多有趣的事。任何事情都有阴阳两面，教练型的领导者总会带领我们看到其中积极的一面。在我热血沸腾的时候，教练对我做了第三个动作：问责。他问我接下来会如何面对跑步这件事。我不假思索地回答：当然跑下去。就这样，每一次跑完步以后，我都会和我的教练通电话。到现在，我已经不需要教练的支持了，因为在跑步这件事情上我已经形成新的习惯了。

跑步如此，工作习惯的建立何尝不是如此呢？

"5S"是整理（Seiri）、整顿（Seiton）、清扫（Seiso）、清洁（Seiketsu）和素养（Shitsuke）这5个词的缩写。5S管理起源于日本，并在日本公司中广泛推行，5S管理的对象是工作现场的环境，它基于生产现场环境全局，确定切实可行的计划与措施，从而达到规范化管理的目标。很多年前国内公司推行5S管理，大多只是停留在表面工作，"风气"一过马上回到原形。

我曾就职于一家制造业公司，总经理是一位经验丰富的领导者，这位总经理计划再次在公司中推行5S管理。公司中的大部分管理者与员工由于在此前的5S管理推行中的失败经历，对本次推行怀有很强烈的抵抗情绪。就在这样的背景下，总经理还是顺利地完成了5S管理的推行工作，达到了他想要的效果，并使全体成员养成了新的5S习惯。

总经理的5S管理推行总共有三个阶段，每个阶段围绕一个核心目标展开。

第一阶段，在公司宣传栏及刊物、公共区宣传关于5S管理的内容，涉及其历史、功效、众多成功与失败的案例以及成功者因此而产生的收益，等等。

第二阶段，总经理组织相关人员确定推行计划和具体方案，同时确定区域负责人及责权，并与相关人员逐一确认。

第三阶段，整个公司所有场所轰轰烈烈地开始推行5S管理。第三阶段刚开始时，员工们做得都很好，可是没过一段时间便出现了原形毕露的苗头。此时，总经理的推进机制相应出台，使做得好的受表扬、受奖励，做得差的受处罚，并在公司范围内"树标杆、立典型"进行大量积极、正面的宣传，不但宣传"典型"们的行为，还宣传"典型"行为改变带来的各种成效，例如，工具使用更加快捷与便利、心情愉悦、员工间争执减少、工作效率提高。同时，区域负责人每天巡查，当日公布优秀执行组，并进行及时奖励。

通过坚持不懈地执行、巡查、认可、赞赏、评审、公布等，5S成为全员工作中的新习惯。而且员工也确实因5S管理有了更高的工作效率、更优美的工作环境、更和谐的组织关系。几个月之后，已经没有成员会把5S当成一种管理，5S成为一种自然的习惯。

每一次行为发生后，领导者需要帮助成员发现收益与成果，并通过鼓励的方式推动下一次行为发生，从而让成员养成习惯。在此过程中，教练型领导者需要做到三点：支持、鼓励以及问责。支持成员对结果负责，鼓励成员坚持，问责成员规划下一次行动。

领导者在工作中需要帮助成员找到想要的目标，促进成员通过自身的行动不断获得阶段性的成果，在这样的正向循环中，使成员形成良好的工作习惯。当成员实现目标时，一定要及时给予相应的认可、表扬或奖励。

小 结

一个观点：管理的核心不是管控行为，而是使被管理者养成习惯。

一个理论：21天效应。

一种思维：用成果引领行动的思维。

一个实践：支持、鼓励、问责。

强兵逻辑 ❽

【强将手下全弱兵】

有位渔人捕鱼技术非常高,被当地的人尊称为渔王。渔王准备退休的时候,却有一件非常苦恼的事情,他的三个儿子的捕鱼技术都很平庸,竟然赶不上技术比自己差的渔民的儿子。某日他向一位路人诉苦:"我从他们懂事开始,就传授捕鱼技术给他们,告诉他们怎样织网最容易捕捉到鱼,怎样划船最不会惊动鱼,怎样下网最容易多抓鱼。他们长大一些后,我又教他们怎样辨潮汐,辨鱼汛……如此悉心教导,为什么他们的技术这么差啊?"

路人问:"你一直手把手地教他们吗?""是的,都是我亲自教,而且教得很仔细。"路人又问:"他们一直跟随你出海打鱼吗?""是的,为了让他们少走弯路,我一直都让他们跟着我。"

路人会心一笑，说："你只传授给了他们知识、经验、技能，却没传授给他们教训，注定难成大器啊！"

中国有句俗话："强将手下无弱兵。"但是很多组织的现状是很多全能领导者手下几乎全是"弱兵"。历史上的西楚霸王项羽，力拔山兮气盖世，曾经以一敌百，从江东率领40万大军，所向无敌，威震天下，可谓"强将"。他的对手刘邦原本只是一个亭长，因未能完成工作而被迫揭竿而起，而且在楚汉争霸前期屡屡失利。然而，就是这样一名"弱将"，却招揽了张良、韩信、萧何这样的"强兵"，并在最后成功逆袭，打败"强将"项羽，开创了大汉时代。

《三国演义》中的诸葛亮，未出茅庐便三分天下，火烧新野、火烧博望坡、草船借箭、借东风、七擒孟获、空城计，等等，这些都显示了其"智近乎妖"，但诸葛亮为什么"出师未捷身先死，长使英雄泪满襟"呢？历史上的解读很多，我个人认为最重要的原因是诸葛亮的手下没有人才。"蜀中无大将，廖化作先锋"是当时蜀国的真实状况，刘备创业时文有卧龙凤雏，武有关、张、赵云。刘备死后，诸葛亮手下就只剩廖化这样的将领了，诸葛亮是强将，然而手下尽是弱兵。

古代也好，现代也罢，形成"强将手下全弱兵"局面有以下几个原因。

第一，领导者喜欢事必躬亲。事无巨细，上司都要亲力亲为，大事小事通通一手抓。反观成员们则比较悠闲，只要将自己发现的问题告诉上司，上司自会告诉他怎么处理，甚至会亲自带刀上阵。长此以往，成员丧失了思考的能力，失去了锻炼的机会，无形中也产生了惰性，能力自然越来越弱。

第二，领导者不会培育成员。就如同故事中的渔王，很多领导者因为缺乏教练能力、人才培养能力等，难以将一身本领成功"复制"到成员身上。

第三，领导者过于强势，说一不二。领导者强势，成员必定就弱势，不弱就可能被排挤，可能被视为眼中钉肉中刺。

老子讲无为，孔子也讲无为。领导者向下装作对事情一无所知，成员才会告诉领导者更多的事情；领导者对下装成不会的样子，成员才会自己想尽一切办法；领导者对下表现得无能，成员才会努力自己做到。

领导者的答案给得很勤快，最终不但让自己被能力所累，更抹杀了成员成长、成功的机会。成员向领导者请教事情，请教什么，领导者都立即给答案，再问，再给答案，逐渐地，成员不再想了，也不需要再想了，因为领导者那里有答案。

当今，我们越来越多地讨论科学管理，科学管理的目标是什么？科学管理是通过科学的管理方式使他人达成目标的过程。每一个领导者需要对自己的角色进行精准定位。领导者在管理活动中可以扮演两种角色，第一种角色是搭台的人，另一种角色是上台唱戏的人。21世纪的领导者更应扮演的角色是——搭台的人。

但是我们发现，很多领导者既是搭台人，也是唱戏人。当领导者站在台上唱戏的时候，成员就在台下看戏，看到精彩之处，还经常以掌声鼓励。领导者变得越来越会唱戏，而成员则变得越来越会看戏。领导者一定要拥有激励成员的能力，然而作为领导者的您，有没有这样一种体会：有些时候成员所具备的激励能力远胜于自己，而且他们更懂得，也更喜欢去激励自己的上司。

一位领导者把一项有挑战性的工作交给一个成员。成员说："领导，我觉得以我目前的工作能力，很难完成这项工作。如果没有完成的话，会对我们造成非常不好的影响。"成员提出了困难，这个困难也是真实存在的。说到这里，成员话锋一转，"领导您就不一样，您在这个行业工作十几年了，经验丰富，能力又强，没有您搞不定的事情！"美妙的事情发生了，成员正在激励他的上司！此时，领导者可能受不了成员激励，做出一个冲动的决定："好！那这次我来做，你好好学，学会了，下次你来做！"这时候，成员一定会拍着胸脯保证："放心吧领导，我一定认认真真学习！"此刻成员真正学会的只有一件事，那就是一次又一次地激励上司，让上司去替他达成最终的目标。

我们不难发现，很多领导者在管理中都脱离了领导者应该有的正常状态！正常状态是：通过科学管理的方式使他人达成目标。

想要避免"强将手下全弱兵"的局面，领导者就要在思维上做出突破，从过去传统型的管理模式，转变成为教练型的领导模式，通过支持他人来达成目标。一位领导者把自己的事情做好的关键是什么？是能够清晰地区分什么事情应该自己做，什么事情应该分配给别人做；是能够给予成员更多尝试的空间，使下属完成不可跨越的成长过程；是能够放权，少给答案，多给思考空间。

成员很像弹簧，上司强他就弱，上司弱他就强。打破恶性循环的方法是我们不用衡量自己的标准去衡量成员。在管理活动中，领导者需要克制内心的担忧，不担忧成员是否有能力完成工作，不担忧成员是否会快速成长，而给予成员更多的空间尝试与付出自己的努力，给予成员更多的支持与鼓励。领导者还要放下恐惧，放下对成员的绩效超过自己的恐惧，放下对成员成长后自己无法掌控的恐惧，将成员的成长、成熟与成功作为己任，上善若水，最终也会成就自己的伟大。

小 结

一个观点：强将手下全弱兵。

一个定义：科学管理是通过科学的管理方式使他人达成目标的过程。

一个故事：渔王授艺。

一种思维：上善若水的思维。

一个实践：激励成员，而不是被成员激励。

信任逻辑 ❾

【敢于放手，让成员承担责任】

当下的很多领导者对于自己负责的领域都恨不得亲力亲为，与此同时越来越渴望获得来自成员的称赞与崇拜。称赞与崇拜或许真的获得了，但与此同时，领导者也在向团队传递一种不信任。领导者因为对成员不信任，所以不愿意将重要的工作交给他们，从而变得越来越"亲力亲为"。

哈佛商学院的一个经典案例值得我们深思。领导者 Ben 的团队有三位成员 A、B、C。工作日周四的一早，Ben 刚开始准备投入自己的工作。成员 A 进入他的办公室，并且带过来一堆资料："这是我们下一季度市场营销的方案，这份方案很重要，您能不能帮我看一下？"Ben 说："好，放到我这里，我等一会儿答复。"成员 A 开心地离开了。为什么成员 A 离开时是开心的？

因为 Ben 并没有给他任何反馈，这个任务从 Ben 同意答复的那一刻起，就已经与成员 A 没有关系了，推进任务完成的责任已在无形中从成员 A 转移到了 Ben 的身上。当成员 A 离开办公室，Ben 却感觉自己肩上的担子重了，却不知道是为什么。

不久，成员 B 走进了 Ben 的办公室，当然，他也不是空着手进来的，他将另一堆资料放在 Ben 的办公桌上："领导，这是我上个月出差需要报销的所有票据，您能帮我签一下吗？财务部催得很紧！"Ben 当然应允："好，放到这里，我尽快签字。"成员 B 走后，Ben 发现自己肩上的担子又重了一些。

成员 B 刚离开，成员 C 又进入 Ben 的办公室，他也带着一份文件："领导，这是我下周去拜访客户的方案，我已经写得差不多了，但是，这个客户很奇怪，他只根据方案来确定供应商，所以方案的质量非常重要，您能否帮我看一看这个方案？"Ben 做出了一样的回复："好，放在我这里，我尽快答复。"

三位成员离开后，Ben 发现自己的担子重了很多，却又不知道是为什么。直到下午下班时，Ben 发现三件事一件都没顾得上处理，于是决定第二天再做。周五上班，Ben 坐在办公桌前准备处理昨天遗留的三件事时，看见成员 A 从自己的办公室门口走过，他明明已经走了过去，却又折返回来，将头伸进 Ben 的办公室说："领导，营销方案您看得怎么样？什么时候能给我一个反馈？"Ben 只能实话实说："我一直在忙，正准备看。"成员 A 点了点头，在准备离开的时候留下一句话："领导，请快点哦！"就在这一刻，我们真实地看到成员 A 变成了领导者，而 Ben 却变成了一个被领导者。

还未从这种莫名的压力中缓过来，成员 B 又找来了："领导，那个票据报销什么时候签？再不签，损失谁来承担？"Ben 被动地说："哦！我尽快，我尽快！"成员 B 刚走，成员 C 又跑了过来："领导，下周要拜访客户，这周再不提交方案就来不及了。"Ben 再次回复："哦！我尽快，我尽快！"

与三位成员简短的对话，使 Ben 觉得今天的压力比昨天更大！但是，直到下午下班时，Ben 发现，三件事情还是没有一件做完的。此时，Ben 突然想到明天是周六，无奈之下他做了一个决定：周六加班专门处理这三件事。

周六的一早，Ben 只能放弃休息，去公司加班。在去公司的路上，Ben 路过高尔夫球场，突然听见熟悉的笑声，他转头望去，欢笑的正是自己的三位下属，他们一边聊着天，一边打着高尔夫球，看上去很开心，而且精神很好。Ben 转过头，握紧方向盘，踩一脚油门，继续奔向自己的办公室……

Ben 这样的管理状态，不但出现在哈佛的案例中，更存在于很多领导者的实际管理活动中。相当多的管理课程都会谈及管理学经典理论"背上的猴子"。此理论由安肯提出，用来比喻责任和事务在领导者和成员之间的转移。领导者身上背了太多的猴子，导致管理效率降低，团队绩效水平下降。当成员找到领导者时，身上一般情况下会背着一只或者多只猴子，但是当他离开领导者的时候，身上的猴子不见了，猴子都爬到了领导者身上。所以，到了快要下班的时候，所有成员的身上都轻飘飘的，而领导者身上却爬满了猴子。有时猴子多到充满了领导者的所有空间，有可能在领导者的身上，有可能在领导者的脑海中，有可能在领导者的办公室中、办公包中，也极有可能在领导者的家中。

猴子原本在组织成员的背上，在领导者与成员对话时，猴子的脚便同时搭在两人肩上。当领导者表示需要考虑一下再谈时，猴子便转移到了领导者的背上。领导者在接下成员的工作时，便使自己从监督者转变为执行者，成员则将自己的角色由执行者转变为监督者。当领导者接收成员该喂养的猴子，成员就会以为是领导者自己要喂养这些猴子。由此，领导者收的猴子越多，成员给的就越多，成员还会时不时地跑来问领导者："那件事办得怎样了？"如果领导者的解决方式不能令成员满意，成员会迫使领导者去做这件原本该由成员来做的事。于是领导者饱受堆积如山、永远处理不完的事务、任务、问题的困扰，努力将一些不该摆在第一位的事情做得更有效率，甚至没有时间照顾好自己的猴子，平白让自己的工作成效打了折扣。

面对领导者的这种状态，安肯提出的建议是：一定要具备"处理猴子的能力"。领导者要认清猴子的主人到底是谁，谁的猴子谁来喂养。Ben 从他的三位下属处接收到了三只猴子，其中真正属于领导者的猴子只有处理出差报销票据这一件事，另外两只猴子的主人则不一定是领导者。那么领导者应如何处理并不属于自己的猴子呢？

领导者可以从两个维度评估、处理不同的猴子。第一个维度为责任，第二个维度为风险。假如这只猴子的责任小，且风险小，就可以直接将猴子还给成员，也就是我们经常讲的授权，并且给成员一定的激励，使成员对结果负责。同时，对于这样的猴子，领导者做的最主要的工作是检查结果，无须对过程进行太过细致的监管。对于责任大且风险大的猴子，领导者直接交给成员喂养不合适，但是领导者自己负责喂养也不合适。最好的方法是不让这样的猴子落单，将其与其他相似的猴子放在一起让成员喂养，辅导成员学会如何喂养这些类似的猴子。领导者根据责任与风险的大小，与成员约定周期，评估喂养猴子的质量。需要注意的是，在辅导与喂养的过程中，猴子的喂养权仍在成员手上。

领导者应该将自己宝贵的时间与精力放在最重要、最需要自己的层面上，而不是喂养成员的猴子。领导者如果能够真正让成员喂养他们自己的猴子，成员就能真正地对自己的工作负责并在实际的工作中获得认知和能力的提升，领导者才有足够的时间从事规划、协调、创新、决策等重要工作，使整个组织向更加良好的运行状态发展。

安肯关于领导者一定要有处理猴子能力的其他建议,您会在本书的其他章节中看到。

小 结

一个观点:亲力亲为源自对成员的不信任。

一个理论:管理者背上的猴子。

一个故事:Ben 与三位成员的故事。

一种思维:喂养猴子的思维。

一个实践:认清猴子的主人,将猴子交给它的主人喂养。

第二章 原则

❶ 完整原则

【人都是完整而有价值的】

　　一只老鼠掉进一只桶里，怎么也出不来。老鼠吱吱地叫着，可是谁也听不见。可怜的老鼠心想，这只桶大概就是自己的坟墓了。正当老鼠绝望之时，一头大象经过桶边，用鼻子把老鼠吊了出来。"谢谢你，大象。你救了我的命，我希望能报答你。"老鼠感激地说。大象笑着说："你准备怎么报答我呢？你不过是一只小小的老鼠。"过了一些日子，大象不幸被猎人抓住了。猎人用绳子把大象捆了起来，准备等天亮后运走。大象万分焦急，但无论怎么挣扎，也无法把绳子弄断，它感觉自己从未如此无助。突然，小老鼠出现了，它拼命地咬绳子，终于在天亮前咬断了绳子，替大象松了绑。大象感激地说："谢谢你救了我的性命，你真的很强大！""不，其实我只是一只小小的老鼠。"小老鼠平静地回答。

完整原则 ❶

每个生命都有自己展现光彩的刹那。一只小小的老鼠，也能够拯救大象。

有智慧的人，即使别人看不起他，他也不会受到影响，因为他了解自己的人格与道德。他不会要求别人来了解、重视自己，即使所有人都对他不理不睬，也丝毫不影响他在自己的生命中将智慧的种子播撒到世间各处。

每个生命都异常高贵，都是大千世界中不可或缺的，都在自己的位置上发挥着作用。

关于孟尝君门客的故事可以说明这一点。

战国时，齐国孟尝君喜欢招纳各种人做门客，号称"宾客三千"。他对宾客来者不拒，有才能的让他们各尽其能，没有才能的也提供食宿。有一次，孟尝君率领众宾客到秦国，秦昭王想让他当相国，孟尝君只好留下来。

不久，大臣们劝秦王说："留下孟尝君对秦国是不利的，他在齐国有封地，有家人，怎么会真心为秦国办事呢？"秦昭王觉得有理，便改变了主意，把孟尝君和他的手下软禁起来，只等找个借口杀了他们。

秦昭王有个最受宠爱的妃子，孟尝君派人去求她救助，妃子答应了，条件是用齐国那件天下无双的狐白裘（用狐腋的白毛皮做成的衣服）做报酬。孟尝君为难了，因为刚到秦国，他便把这件狐白裘献给了秦昭王。就在这时候，有一个门客说："我能把狐白裘找来!"说完就走了。

原来这个门客最善于钻狗洞偷东西。他先摸清情况,知道昭王特别喜爱那件狐裘,一时舍不得穿,藏在宫中。他便借着月光,逃过巡逻人的眼睛,轻易地把狐裘偷出来。

妃子见到狐白裘高兴极了,想方设法说服秦昭王放弃了杀孟尝君的念头,并准备过两天为他饯行,送他回齐国。孟尝君实在不敢再等两天,便率领手下连夜偷偷骑马向东快奔。到了函谷关正是半夜。按秦国法规,函谷关每天鸡叫才开门,半夜时候,鸡怎么可能叫呢?大家正犯愁时,只听见"喔喔喔"的几声雄鸡啼鸣,接着,城关外的雄鸡都打鸣了。

原来,孟尝君的另一位门客会学鸡叫,我们都知道,鸡只要听到别的鸡啼叫就会跟着叫起来。守关的士兵虽然觉得奇怪,但也只能起来打开关门,放他们出去。天亮了,秦昭王得知孟尝君已经逃走,立刻派出人马追赶。一直追到函谷关,然而孟尝君已经出关多时。孟尝君靠着"鸡鸣狗盗"之士逃回了齐国。

职业经理人王洪刚加入新公司成为部门负责人时,部门里有三个人:小张、老李、小奇。这三个人各有特点,因此王洪与团队其他成员的磨合并不顺利,但他始终坚信一点:每个人都是有价值的,每个人都愿意发挥自己的潜力,所以只要相信他们,并给他们创造机会,就一定会看到他们的卓越表现。

其他部门的同事偷偷告诉王洪,领导对小张不满意,上一年差点儿就把小张淘汰了。王洪也发现了小张的一些特点，工作中，小张很容易看到其他人想法、做法中存在的风险，以及不足的地方。小张总是喜欢提出问题，却给不出建议。而且，小张的表达也不够清晰，听上去缺乏逻辑。小张自己也知道领导对自己评价不高，所以状态一直比较消沉，经常说"我这几年没有什么进步，没有发展"。

也许是为了感谢小张曾给予自己的帮助，王洪花了很多时间辅导小张。王洪布置任务时，都会向小张详细说明任务的目的、关键点、可以考虑的资源以及小张的权责范围。在与小张沟通工作进度时，王洪也会耐心听他的汇报，并给予适当的指导。在几个下属中，王洪在小张身上花的时间和精力最多。

渐渐地，小张能够承担一些重要的工作，便开始主动起来。在王洪担任部门负责人的两年中，小张作为项目经理，负责了部门的两个重要项目，且收效均非常好；其他经理也反馈，小张这两年里像换了一个人，能力提升非常明显。后来，小张接管了另一个部门的工作，成绩仍旧非常不错。

老李是公司的老员工，总是自豪地说，他在公司的工号是二十几号，就在几个副总裁之后。在工作中，老李有点倚老卖老，很多工作老李都会自行安排，之后再告知王洪，没有征求王洪意见的意思。而其他的工作，老李则是爱做的做，不爱做的就会提出理由推脱。在团队的项目中，老李把自己视为专家，只管提意见和建议，至于执行则都是别人的事，似乎与他无关。实际上，公司领导也认为老李的工作态度不够积极，执行力很弱，因此，当老李申请担任王洪的职位时，公司领导没有答应。

与老李的相处，着实费了王洪不少心思。王洪的主要做法就是尊重老李，多给老李一些空间。遇到部门的重要工作，王洪主动向老李请教，听取老李的建议。如果老李做得好，王洪一定会及时给予认可，使老李在工作中感受到来自上司的赞赏，老李自然也就将自己喜爱的工作做到了极致。

两年多的时间里，他们二人相处得也算不错，老李也发挥了他的专长。在一次绩效面谈的时候，老李对王洪的尊重与包容表示了真诚的感谢。其他经理表示没想到王洪能"容忍"老李。

小奇负责公司文化建设与宣传，是部门中最积极的员工，虽然家中的孩子很小，但小奇每天都加班到晚上8点多，积极主动地策划各种文化活动，写文章，做期刊。小奇的绩效总是部门中最高的，是每个经理都喜欢的员工。

王洪基本上不怎么管小奇，小奇写了计划征求王洪的意见，王洪总是说："没问题，支持你！"不但如此，王洪还鼓励小奇挑战一些新的工作。小奇有时候也会说自己可能做不好，遇到这样的情况，王洪总会鼓励小奇："你做绝对没问题，因为你有很多优势。"通过日常工作的接触，王洪越来越清晰地看到小奇的优势，并且依据优势激励小奇。虽然小奇有时还是会犹豫，但王洪的话已经在小奇的心里种下了种子。在这些种子的影响下，小奇最后总是会承担这些挑战，达成目标。小奇多次表达对王洪的感谢："感谢您鼓励我去面对这些挑战，让我看到自己的潜能。"

不同的人因经历和个性的差异，对同样一件事会有不同的看法，没有两个人是一样的，也没有人会按领导者的想法长成领导者想要的样子，但每个人都是有价值的。心情低落只是说明需要调整工作方式，以后每走一步都要向上；资历深的人有丰富的经验可以利用；资历浅就不会有条条框框的限制，潜力被激发就能发挥出来变成可见的行为与能力。

身为一名教练型领导者，要相信每个人都是有价值的，不给人贴标签，接受成员本来的样子，相信每个人都是自己生命的专家，这样就会看到更多的可能性，就会不断地看到成员带来的不断的、越来越大的惊喜。

小 结

一个观点：人都是完整而有价值的。

一个故事：老鼠与大象的故事。

一种思维：发现优势的思维。

一个实践：多尊重，多辅导，多基于优势激励。

❷ 自主原则

【每个人都有做出选择的能力】

在管理活动中，领导者经常遇到成员跑来问"怎么办？"。其实，很多成员在询问的时候，都知道自己应该怎么办。人都有创建选择的能力，人在面对困惑的时候，很多时候都有寻找答案的能力。那么，为什么明明知道该怎么办，明明可以自己找到答案，却还要去问领导者呢？因为，只要领导者给出了答案，那么事件发展的情况就与询问者无关了，所有的责任都在领导者身上了。

每个人都遇到过左右为难的时候，在那一刻，人们到底知不知道要怎么选择呢？有一个很简单的判断方法就是抛硬币。如果你曾经用抛硬币的方法做决定，那么你一定会有这样的感受：当硬币抛起来，就要落下的那一刻，内心突然会有一个期望，期望硬币的某一面向上，这个期望就是内心想要的选择。如果没有抛到这一面，你一定会想要再抛一次，直到你想要的那一面向上。

这样一个小方法使我们发现，原来我们知道自己想要什么。然而，为什么明明知道自己想要什么，却不做选择呢？因为做选择会伴随痛苦。当然，选择本身不会给我们带来痛苦，但是放弃另一个选项会给我们带来很多恐惧。当不愿意面对这份恐惧的时候，我们就不做选择，其实不选择也是一种选择。

日本作家东野圭吾的《解忧杂货店》由多个故事组成，每个故事都有关联却又独立成篇。每个故事主人公的烦恼、忧愁各不相同，却又十分相似：站在一个岔口，不知该如何选择。

击剑运动员"月兔小姐"在参加奥运训练和陪伴患癌男友之间纠结，不知该如何选择；怀揣音乐梦想的"鱼店音乐人"在东京单打独斗三年依旧默默无闻，回家看到年迈的父母后，在继续追求音乐梦想和继承鱼店生意之间纠结，不知该如何选择；中学生"保罗·列侬"父亲破产，在与父母一起连夜出逃和离开父母自谋生路之间纠结，不知该如何选择……

每个故事中的人在面对选择时都烦恼不已，犹豫不决，却不知如何是好，只好抱着一线希望写信给解忧杂货店。解忧杂货店给出的建议是：让"月兔小姐"放弃奥运会，专心陪伴男友；让"鱼店音乐人"放弃梦想，接手父亲经营的鱼店；让"保罗·列依"和父母一起逃走，共同面对困难……

然而，结果是："月兔小姐"选择为奥运会刻苦训练；"鱼店音乐人"选择继续追求自己的音乐梦想；"保罗·列侬"在逃跑的半路上还是丢下父母一个人走了……

他们都没有选择解忧杂货店给出的建议，但是最后都十分感谢杂货店。其中的原因，杂货店的主人这样说："如果自己不想积极认真地生活，不管得到什么样的回答都没用。"另外一点是：人在面临选择时，总是希望别人帮自己做决定，可一旦别人做出的决定违背自己内心已有的选择时，又要找千万个理由去辩驳。其实，我们只是希望别人给出一个符合自己内心的决定，以此来安慰自己。

就像"月兔小姐"，她真正面对自己内心时才发现，自己想放弃奥运会并不是因为想陪伴男友，而是训练进入瓶颈期，水平无法提高，担心自己无法获得参赛资格，陪伴男友只是借口。当她真正面对自己的内心，发现自己一直以来的梦想就是参加奥运会，于是选择了继续训练。更可笑的是，她内心强烈的意愿，竟然使她曲解了解忧杂货店给出的建议，以为那些让她放弃的话只是在考验她。"鱼店音乐人"看到解忧杂货店回信说自己根本没有音乐才华，不可能成为专业的歌手时，内心十分认同，却依旧收拾行李继续追梦。"保罗·列侬"一开始决定听从解忧杂货店的建议和父母一起逃债，但逃跑的途中，他还是无法忍受父母，最终一个人走了。

一个个站在岔路口的人，等待别人帮自己做选择，可是当别人理性又客观的建议违背我们真正的想法时，却又无法心甘情愿地接受，我们要找很多理由去辩驳，甚至去说服别人。

所以，站在人生的岔路口时，究竟应该怎么做，其实我们内心的天平早已向一边倾斜了。这就像书里写的："这些年咨询信看下来，我逐渐明白一件事，很多时候，咨询的人心里已经有了答案，来咨询只是想确认自己的决定是对的。所以，有些人读过回信后，会再次写信过来，大概就是因为回答的内容和他的想法不一样。"

当你不选择的时候，自然发展的规律也一定会为你做出选择。世界上没有完美的选择，任何选择都会留有遗憾。太太每次开车，快要上高架桥时，都会问我一个问题："我们走高架桥的上面还是下面？"一个如此简单的问题，太太自然有能力做出选择，但她还是会问我。作为男人，我必须做一个选择，于是我说走高架桥上面。结果，车子一开上高架桥就遇到拥堵，这时太太就对我说："早知道就走高架桥下面。"她说得好轻松。

任何一个选择都会带来一个结果，做出选择的人要承担结果，所以很多时候人们为了逃避责任就逃避选择。领导者经常面临成员的"怎么办"，他在问怎么办的时候，肯定知道怎么办，只是领导者的回答能够让他逃避选择的责任。

当第二次太太问我"我们走高架桥上面还是走高架桥下面"时，我心想上次上面堵，下面不堵，于是说："走高架桥下面吧！"很明显，我已经没有上次那么有自信了。结果，车子在高架桥下又堵住了，太太又跟我说，"早知道走高架桥上面了。"她说得一次比一次轻松，我却一次比一次痛苦。

所以到了第三次，她又问我，我心想："你自己决定吧。"当然，这不是她想听到的答案。她想要的一定不是一个答案，而是一个可以为自己承担责任的人。所以，我这样回答："每一次的结果都证明你比我要英明得多。"人在遇到鼓励和刺激时，容易做出冲动的选择。如果，最后的结果是她选择把车开上高架桥也被堵住，我也可以用"下面更堵"来支持她做出的决定。这样，下一次的选择权才不会再次回到我的身上。

人们在获得支持时才敢做出选择。所以，很多时候教练的过程就是给被教练者更多的做选择的勇气。这就是我们要建立的一种信念：对方知道他的选择是什么。就算他不知道选择是什么，我们也要相信，他知道如何做出选择，人都有解决问题的能力。

不是组织中的成员不具备解决问题的能力，而是领导者往往忽略成员的这一能力。成员向领导者提问时，心里也许有答案。如果领导者直接给出答案，成员就会不思考，按照领导者给出的方式做。一旦处理过程出现问题，成员就会停下行动，再来询问领导者；甚至当领导者没有时间时，成员就会闲下来，等着领导者给答案。这种工作处理方式使得任何一个微小的差错都会被认为是领导者无能的表现，有损领导者的威信以及正面影响力。当然，在这样的高压下，领导者成为什么事情都会处理的"能人"。

我们完全可以尝试用最简单的管理工具来解决类似"怎么办"的问题。

第一，反问成员："你认为呢？"

要以一种征求意见的语气来提问。其实当听到这个问题时，成员的大脑自然会开始思考。只要领导者连续问三遍这个问题，成员心里的答案就会出现。

第二，方案永远让成员提出。

只有这样，在工作过程中，如果出错或者遇到问题，成员才不会推卸责任，而是会不断积累工作经验，提升工作能力。

第三，回答成员："就这么办！"

当然，这样回答的前提是成员提出的是让领导者满意的方案。

第四，鼓励成员："再想想其他的方法！"

当方案不能够让领导者满意时，继续询问成员，调动成员的积极性。

或者领导者可以尝试使用教练的"经典八问"。

第一个问题："发生什么事情了？"

第二个问题："你的感觉如何？"

第三个问题："你想要的成果是什么？"

第四个问题："那你觉得有什么办法？"

第五个问题："运用这些办法的结果会是什么？"

第六个问题："你决定怎么做？"

第七个问题："你希望我做什么？"

第八个问题："结果怎样？有没有如你所料？"或是，"下次碰见相似的情形，你会怎么选择？"

归根结底，把握人性的管理才称得上好的管理，好的成员不是靠管的，而是靠激励的。

小 结

一个观点：每个人都有做出选择的能力。

一个故事：太太开车上高架桥的故事。

一种思维：成为他人资源的思维。

一个实践：教练"经典八问"。

积极原则 ❸

【人的行为背后都有积极的动机】

在每一个行为背后，都有一个积极的动机。这个信念不必是真的，但你需要相信它真的会给你带来好处，因为这影响你选择反应的方式。有些人确实相信这个信念是真的，这些人可以在对周围人做出反应的过程中保持这样的选择，无论这个行为是善行还是恶行。

每个行为的出现，其背后都有动机在推动。例如有的学生在上课时故意捣乱，这肯定会扰乱课堂秩序，影响教学的进程和其他同学的听课质量，但是，学生捣乱的动机可能并非扰乱课堂，而是想要得到周围人尤其是老师的关注；有些人有偷窃行为，看到别人的东西就会想方设法据为己有，然而他可能根本不缺这类东西，之所以产生这类行为，可能是因为他在生活中没有得到足够的爱，他觉得自己拥有了别人的东西就可以拥有别人的爱；有些孩子进入青春期后，好像故意与成人对着干，让他向东，他偏向西，这些行为背后，可能是他正在寻求精神上的独立，想要展示自己的力量……

相信很多朋友都读过《明朝那些事儿》这套书。给我印象最深的人物是王守仁（号阳明），被后人称为"千古第一等人"。他官至兵部尚书、都察院左都御史，精通儒、释、道三家，开创了堪称儒学新局面的心学，被认为是可直追孔孟的大圣人。王守仁还领兵平乱剿匪，用极少的代价闪电般地彻底击败了数倍于己的敌人。作为史上极少见的立德、立功、立言"三不朽"的圣人，他小时候也很叛逆。让我们一起从《明朝那些事儿》所记内容中，看看这个"问题少年"的事迹。

十岁的王守仁已经开始读"四书五经"了，他领悟很快，举一反三，其聪明程度让老先生们也感到惊讶。可是不久之后，老师们就发现了不好的苗头。老师们向王华王状元（王守仁父亲）反映，王守仁不是个好学生，不在私塾里坐着，却喜欢舞枪弄棍，读兵书，还喜欢问一些稀奇古怪的问题，写一些莫名其妙的东西。

当时的居庸关外早已不是朱棣时代的样子，蒙古骑兵经常出没，王华做出了一个不寻常的承诺——带着十几岁的儿子出关。这是一件极其冒险的事情，但王华经过考虑，最终还是兑现了自己的承诺。不久之后，他就为自己的这个决定追悔莫及。王华原本只是想带着儿子出来转转，可王守仁接下来的举动却让他大吃一惊。一天，王守仁一反常态，庄重地走到王华面前，严肃地说："我已经上书皇上，只要给我几万人马，我愿出关为国靖难，讨平鞑靼！"王守仁此时十五岁，父亲认为他太狂妄，严厉地批评了他。

过了不久，王守仁又来找父亲，这次是来认错的。王守仁平静地说道："我上次的想法不切实际，多谢父亲教诲。"王华十分欣慰，笑着说道："不要紧，有志向是好的。"不料王守仁表示，他已有了新的志向——做圣贤。王华觉得儿子的志向完全是异想天开，再一次批评了他。

十五岁的王守仁脑袋里想的是带兵讨平鞑靼，成为圣人，这些在当时看来不切实际的理想，在他长大以后真的实现了，他成了圣人，他成了带兵平乱的将军。

一切行为的背后，都有一个积极的动机，这是教练五大信念之一，也是我们能从人与人交往的烦恼中快速解脱的一份智慧。当我们完全立足于人的善良之处，就会瞬间体验到这个信念是如此有益。

每一个人做任何事最终都是为了满足自己的一些深层需要。每一个人的行为，都是当时环境里最符合他自己利益的做法。因此，每个行为的背后都必定有积极的动机。动机不会错，只是有些行为不能使其达成。当我们接受了一个人的动机,他便会觉得我们接受了他这个人,只有了解和接受一个人的积极的动机,才更容易引导一个人改变他的行为。动机往往处于潜意识的层面,不容易被发现。找出行为背后的动机,最简单的方法是明白该行为要实现什么价值。

所有行为都有目的,我们需要区分行为的意图和结果。智慧的人拥有一双慧眼,可以看到人行为后面的积极动机。当今的很多孩子迷恋网络游戏,我女儿小时候也曾经迷恋过一个游戏《我的世界》,她每天沉浸其中四五个小时。作为父亲,我当然很头疼,但我知道通过暴力的方式让她不要再玩,不但会适得其反,而且容易让她在心理上形成缺失。于是,我尝试用教练的方式与女儿沟通,探索女儿喜欢玩这个游戏的积极的动机。我带着好奇心问女儿这个游戏最吸引她的是什么。女儿给我的答案是这个游戏让她感觉很自由,并且很有成就感。当听到自由与成就感的时候,我瞬间被点燃,我听到了女儿内心的渴望与追求。

在接下来的很长一段时间,我每天都在询问女儿除了《我的世界》以外,还有什么能让她获得自由与成就感的事情。我用这样的方式引导女儿基于自己的动机重新与这个世界连接,创建新的选择。在大约三个月后,女儿真的不再玩《我的世界》了,因为她找到了这个世界上新的让她获得自由与成就感的事情。通过与女儿这样的沟通,我再一次领略到"每个行为背后都有一个积极的动机"这一信念的力量。

人类行为背后的动机到底是什么呢？为什么人们要做某些事情？是什么驱使我们成为今日的样子，而非十年前的样子？为什么有人会不停地重复过去的模式？请与我一起了解人类的六大核心需求，正是它们创建了人类不同的动机。

1. 确定性的需求

这是第一个需求：我们需要确定事物的发展或者他人的行为符合我们的预期，由此，我们会产生安全感。当感到安全的时候，我们才会表现出信任、放松，我们才会停止对危险或者威胁的不断检查。我们需要安全与确定，以避免伤害，因此，人的第一类需求基于安全感。

2. 不确定性的需求

生活中的我们都会渴望惊喜，生活可以平凡，但最好不那么单调。我们希望生活存在甚至充满乐趣与新奇，这也是人们会不断尝试新事物、不断创新、不断冒险的原因。因此，人的第二类需求与挑战有关。

3. 重要性的需求

我们希望自己在他人眼中是重要的，是无可取代的。我们中的每一个人都希望自己具有重要性，希望自己在某方面具有特殊的能力，生活具有特殊的目标或意义。我们渴望这些感觉，为得到这些感觉，我们愿意做很多，比如友好待人、乐于助人、努力工作，再比如，为了使自己比其他人都优秀，故意做出某些特殊的行为，创造自己的独特性。心理学研究显示，为了加强自己的重要性，获得他人的关注，有人会刻意加重自己的病情。每个人渴望重要性的表现方式不尽相同，有些人努力做更多的工作，有些人在人人大声发表言论的时候沉默，有些人努力取得更高的学位，有些人则穿着特殊……。因此，人的第三类需求与重要、独特有关。

4. 联结和爱的需求

人是社会性动物，我们需要与其他人产生联系，并归属一定的群体。没有归属，没有与他人的连接，没有他人的陪伴，人就会感到孤独。为满足这个需求，我们会努力让自己变得更加优秀，会用自己的方式获取他人的关注，会去交友、参加各种聚会与社团活动，以拥有并增强我们的社会感。因此，人的第四类需求与爱有关。

5. 成长的需求

成长是生命的自然需求，成长与拥有的金钱多寡、结识的朋友多少，甚至一生的成就均无关。成长促使作为人类的我们不断发展，人类需要在不断成长的过程中感受到生命本身的意义，如果感受不到成长，人生就会变得痛苦无趣。因此，人的第五类需求与成长有关。

6. 贡献的需求

除了从外部获取，我们也需要通过自身的贡献来感受自己存在的价值与意义：不单可以受惠于他人，也可以受惠于自己的贡献；从给予中体验真正的喜悦与成就感，特别是无私的奉献，会为奉献者带来可贵的喜悦。因此，人的第六类需求与贡献和付出有关。

人类所有行为背后积极的动机基本上来自以上这六种需求，如果我们基于以上六项需求不断探索需求背后的动机，会发现自己心胸豁达，拥有超高的情商，行动力十足，并对未来充满希望。

领导者从这些动机出发，会更了解自己、成员的目标与理想，从而帮助自己，支持成员找到全新的努力方向，最终达成自己与成员的目标。

小 结

一个观点：人做任何事都是为了满足自己的一些深层需要。

一个信念：人的行为背后都有积极的动机。

一个故事：王守仁的伟大志向。

一种思维：内在需求的思维。

一个实践：基于六种需求去探索人行为背后的动机。

❹ 选择原则

【人都会为自己做出当下最好的选择】

"陈序说教练"视频号上线后,经常会有观众朋友在公众号"五维教练领导力"的"陈序答疑"专栏中向我提一些问题,问我某些问题该怎么处理,问我该如何选择;也有一部分观众留言说他们从我的视频中获得启迪,从而解决了自己的困扰。

这两种观众如此不同,前者着眼于外部,后者着眼于自身。前者无论在哪里只能依靠外部而不是自身解决问题;而后者,他们并不是没有问题,只是他们可以通过自己的努力去解决问题。所谓"自己的努力",很多时候是对自身问题的独立思考。独立思考能力除了能帮助一个人做出选择,还可以让一个人从他人的经验中获得成长,因此这种人内心可以非常丰富;相反,很难为自己做出选择的人,纵使经历丰富,内心也可能很空洞。

甚至还有人告诉我,他们讨厌选择,然而他们深知,人生就是由不同的选择叠加而来的。选择并不是一件容易的事情,选择往往伴随着痛苦,因为它意味着一个人要承担起全部责任。

难以做出选择,细数其原因,我想大抵为以下三类。

第一类原因:无法独立思考。

一个人每一次的自主选择都意味着自身做了一次甚至多次独立的思考。自己做选择的次数越多,独立思考的机会就越多,就越能够独立思考,继而越能够自己做选择,这是一个正向的循环与提升。如果一个人从小到大,每当面临选择的时候,父母或周围人都替他做了决定,那么他能够自己选择的机会就大大减少,更无须自己思考。最终,当其需要自己做选择时,便会感到无法独立思考,选择困难,痛苦万分,甚至宁愿放弃选择的自由,希望父母或者其他人帮助自己做出选择。

第二类原因:害怕承担责任。

很多人都害怕承担责任,主动放弃选择权的人尤其害怕。一旦自己做了选择,就要负起相应的责任,承担相应的结果。我不选择,我让别人帮我做选择,不管结果好坏我都不用负责;就算结果不好,我还有借口,因为这不是我自己的选择,要怪就怪帮我做选择的人。什么都不做,就永远不会错,如果是我自己做出的选择,出现错误或者偏差,我就没有帮助我承担责任的人了。这是害怕承担责任的潜意识。

第三类原因：没有自主选择过。

很多人在成长的过程中很少把握自主选择的机会，而是被动地将选择权交给他人，小时候交给父母，结婚了交给伴侣，工作了交给上司。当他人为我们做选择时，可能还会说这样一句话："我是为了你好。"很多人为他人做选择时，确实是基于"为了你好"这一目的，然而，我们会发现"为了你好"这一目的不仅常常无法实现，还会使关系走向破裂的边缘。

"早知道……""如果当时……"这样的说法经常出现，很多人觉得改变过去就会不同，然而，对过去选择的假设与后悔是毫无意义的，不一样的选择未必能够导向优于现在的结果。即便握着人生遥控器，也未必能遥控出一个完美的人生。放下对过去的执着，才可能有更加美好的未来，或许，我们只能，也必须相信：每一次的选择都是那个当下最好的选择。

这就是真相，当我们开始接受真相，便可以着眼于学习选择。

松下电器公司创始人松下幸之助曾对一名管理人员这样说："我个人要做很多决定，并要批准他人的很多决定。实际上只有40%的决策是我真正认同的，余下的60%是我保留意见的，或我觉得过得去的。"管理人员很不解，他觉得松下如果不认同，完全可以否决。

松下说："对于那些过得去的计划，你大可在执行过程中进行指导，使其回到你的预期。我想一个领导人有时应该接受他不喜欢的事，因为任何人都不喜欢被否定。"关注成员的感受，发自内心地尊重成员，这是松下幸之助的领导风格。

身为领导者，尊重成员，给成员以关怀，让他们明白他们在组织中与领导者一样重要，他们便会给领导者同样的尊重，并以更大的热情、更多的努力来回报领导者和共同的组织！这是松下的故事带给我们的有益启示。

电影《三傻大闹宝莱坞》中的法罕从小的理想是做一名摄影师，但迫于家庭压力不得不就学于工程学校，兰彻一直鼓励他追求自己的理想。最后，法罕放弃了面试的机会，勇敢地向父亲表明自己的理想，得到父亲认可并最终成为一位著名的动物摄影师。

我教育自己的女儿时，努力把她当作一个与自己平等的人来看待，与她相关的事情尽量让她自己做选择，上不上兴趣班，学不学奥数，学什么乐器……都让她自己做决定。如果我控制她，不给她自由，让她一切都听我的，终有一天她会通过其他方式反抗我。不论是有意识的还是无意识的，不论是常见的方式还是匪夷所思的方式，她都会证明她能够主宰自己的生活，她是自己人生的选择者。

心理学研究表明：每个人内心深处都有着非常强烈的平等意识。每一个人都渴望被爱，渴望受到他人的尊重，渴望得到家庭和社会的认可，渴望以独立的人格与他人平等地沟通与交流。这正是懂得尊重他人，便能得到他人尊敬的原因。

每一个人都以其独特的过往获得的知识与经验看待世界，正因如此，基本上每个人都会有盲点，在有限的范围之内做出认为适合自己的决定，在那个当下我们往往不了解当事人内在经历了什么。所以作为一名教练型的领导者，要先放下评判，给予对方足够的尊重，要尊重对方的选择。

有一些领导者总是抱怨自己的身边没有人才，找不到人才，或者总是叹息人才的流失，这是如何造成的呢？这样的领导者是否在思维上存在一些误区？组织自身是否存在某种缺陷呢？领导者首先需要从尊重开始，只有尊重成员，才会赢得成员衷心的尊重与效力。这样一种尊重的氛围会影响组织中的其他人，使得组织成员在这样一种良好的氛围下更加努力地工作。

尊重，说起来容易，做起来却很难。当自己站在领导岗位，伴随而来的是更多的特权与优待，潜意识中会产生一种高人一等的感觉，由此，会认为自己仅需要对组织中的小部分成员保持尊重，而对于自己的下属，偶尔的颐指气使是可以接受的。

然而，尊重他人是一种修养，是一种由内而外透射出的人格。这样的人格使领导者具有很强的个人魅力，获得更多人的尊重与认可，也会吸引更多的有识之士。同时，如果想要在组织的内部建立平等、相互尊重的文化氛围，使大家共同为了组织的目标奋进，领导者本人就需要身先士卒，拥有尊重他人的人格，因而，是否尊重成员也是衡量一位领导者成功与否的标准之一。

那么，如何做到真正地尊重成员呢？

第一，与成员对话时，礼貌用语多多益善。

需要成员为了某项工作付出努力时，一个"请"字会使成员感受来自上司的尊重与关爱；当成员完成了某项工作时，一句"谢谢"会使成员感到自己的付出得到了上司的认可；一句"非常棒"会使成员收到上司对自己的赞赏……

第二，真心听取成员的建议。

当一位成员向领导者提出自己的建议时，这些建议往往是他三思后的结果，更代表其对领导者的信任、尊重与认可，对组织发展的关心。领导者需要接收成员对组织与自己的善意，基于此，再开展更深入的交流，充分理解建议的创新性和可行性。

第三，平等地倾听成员心声。

心怀信念"人都会为自己做出当下最好的选择"，是倾听成员心声的前提。组织活动开展的过程中，领导者更多的信任与放权，会给予组织成员更大的创造空间。组织成员由于其知识、经验、能力的局限性，有可能出错，领导者要将自己放在中立的位置上，了解事件的全貌，了解成员的心声与执行过程中的所思所想，而非一味地责怪、批评。让成员解释说明，是一个绝佳的使领导者与成员相互了解、相互理解、相互信任的机会，睿智的领导者不会错过这样的好机会。

第四，用"我们一起……"替代评判、轻视与嘲笑。

"愚昧""笨""蠢"等字眼应永远从领导者的思想与语言中消失。当成员在工作中遇到问题、出现错误时，领导者需要以包容与接纳的心态，承认问题与错误的存在并与成员共同面对问题与错误，找到应对的办法。领导者可以友好地对成员说："来，我们一起研究一下这个问题。"智慧的领导者会说"一起研究""一起探讨""一起想办法"，这样的语言会带来很多好处：一是让成员感受到领导者是共同解决问题的伙伴，而非敌对者；二是让成员感受到来自组织及领导者的善意，从而更愿意将事件推向积极的一面；三是让成员感受到自己在组织中不可或缺，增强成员的信心与归属感。

小 结

一个观点：用更多的尊重，支持自己与他人做出选择。

一个真相：人都会为自己做出当下最好的选择。

一个故事：松下幸之助的故事。

一种思维：尊重他人的思维。

一个实践：从四种行动开始尊重他人。

改变原则 ❺

【改变是可能的，而且是不可避免的】

改变是可能的，而且是不可避免的。这条原则指引人们用发展的眼光看世界。人们都喜欢追求永恒，但这个世界上唯一永恒不变的，就是变化本身。

小时候能骑上一辆凤凰自行车会成为小伙伴羡慕的对象，现在形形色色的汽车飞奔于大街小巷，突然怀念起了那个逝去的自行车年代。

一位父亲很为他的儿子苦恼，因为儿子已经十五六岁了，可是一点男子气概都没有。于是，父亲去拜访一位禅师，请他训练自己的孩子。禅师说："你把孩子留在我这边，3个月以后，我一定可以把他训练成一位真正的男人。不过，这3个月里面，你不可以来看他。"父亲同意了。3个月后，父亲来接孩子。禅师安排孩子和一个空手道教练进行一场比赛,以展示这 3 个月的训练成果。教练一出手,孩子便应声倒地。孩子站起来继续迎接挑战,但马上又被打倒,他就又站起来……就这样摔倒爬起多次。禅师问父亲:"你觉得孩子有没有表现出男子气概?"父亲说:"我简直羞愧死了!想不到我送他来这里受训 3 个月,看到的结果是他身体这么差。"禅师说:"我很遗憾你只看到表面的胜负。你有没有看到你儿子那种倒下去立刻又站起来的勇气和毅力呢?这才是真正的男子气概啊!"只要站起来比倒下去多一次,就是成功。

很多人认为"江山易改,本性难移",还有一个说法是"三岁看大,七岁看老"。传统的观念认为改变,尤其是成年人的改变,非常困难。然而,如果我们不给自己或他人贴上固定的标签,始终相信成长和改变的潜能,尝试寻找改变的契机,找到某种线索,去引发改变的涟漪,很多"没希望"的人,也会在信念的支持下重新走上发展之路。

还记得我们小时候听的周处除三害的故事吗?周处是江苏宜兴人,在他很小时父亲便去世了,因而他缺乏最基本的家庭管教。周处力气很大,喜欢骑马打猎,可是性情暴躁,动不动就与人争斗,做事都由着自己的性子,不讲理也不管后果,在村子里为所欲为,从不把别人放在眼里。村里人讨厌他,把他和山上的猛虎、水里的蛟龙合称为"三害"。

有一天，周处看到一些老人围坐在一起愁眉不展，一边叹气一边议论着什么。他走过去问："现在天下太平，又丰收了，你们还有什么不高兴的呢？"其中一个胆子大的老人说："三害不除，人们哪会快乐呢？"周处忙问："什么三害？快说给我听。"老人告诉他，一害是南山上的猛虎，二害是长桥下的蛟龙，该说第三害了，老人却闭口不语了。周处性急，非让老人说不可。老人就说："要问这第三害，就是欺压乡邻的恶人，弄得大家不得安生。"周处当时没有明白这第三害是指自己，看见大家看着他，以为是希望他去除三害，就说："这三害算得了什么，我去除掉它们。"大家都说："你要是能除掉这三害，可是大好事，我们一定感谢你。"

周处真的去除三害了，他背着弓箭，带着钢刀，迈开大步，爬上了南山，用弓箭射死了张牙舞爪的猛虎。他又来到长桥，纵身跳下水，去擒拿蛟龙。那蛟龙异常凶猛，周处和它在水中搏斗起来，蛟龙顺水游了几十里，周处紧追不舍，三天三夜没上岸。

村里的人见周处一去不回，以为他与蛟龙同归于尽了，就互相道贺，庆祝三害已除。

可是，周处最后凭借自己的智慧和力量杀死了蛟龙，爬上了岸，回到了村里。他一见大家正在庆祝三害已除，这才知道原来自己是三害之一。他难过极了，心想：一个人被看作和吃人的老虎、害人的蛟龙一样，人生还有什么意思。他痛下决心，改过自新。

周处跋山涉水，遍访名师，经名师指点，他回到家乡，振作起来，不再专横无理，尽心尽力帮助别人，尊老爱幼，严格要求自己，做一个忠厚老实的人。

周处这种勇于改过的行为，得到了乡邻的赞扬，后来有人推荐他在吴国做了官，他为官清正，大家都称赞他是个了不起的清官。

每个人都会遵从自己内心善的召唤，成为独一无二的自己，活出自己的真正价值。无论现在是意气风发，还是深陷泥潭，内在积极的潜意识始终召唤着我们发生改变。

对于这种向善的改变，我们需要保持好奇，好奇自己、他人改变的契机是什么，好奇我们可以找到什么样的线索来引发雪球效应。如果引发一点微小的改变，就能够引起更大范围的变化，那么杠杆支撑点是什么？人的内在生命力是如此强大，答案或许简单得令人难以置信，那便是注意聆听和保持好奇心。

种子要发芽，小鸟要破壳，虫儿要化蝶，金蝉要蜕变，一切生命只要想成长，只要想发展，只要想壮大，只要想迸发出生命的能量，达到理想的生存境界，无疑都需要想方设法突破自己。人类也是如此。

人的一生，其实就是一个生长、发展、壮大，逐渐走向成熟的过程。在这个过程中，人面临的最大一个课题是突破自我，这个课题伴随人的一生，直至生命结束。人一旦不能再突破自己，生命也就失去了活力，直至生命之花凋落。

每个人都渴望改变，事实是变化每天都在发生。身为领导者，身为父母，身为配偶，身为子女，身为朋友，身为伙伴，需要用积极的态度发现他人的优点，用发展的眼光看到他人的变化。

虽然改变是不可避免的，但在现实中，我们还是会看到有些人并未发生明显的改变，这是因为改变是痛苦的。有一只猴子想变身为人，它知道要变成人就要砍掉尾巴，于是决定砍掉尾巴。（就像一个人开始产生了改变自己的想法，并且知道如何才能改变自己，如每天读书一小时、每天运动。）

然而，在砍掉尾巴前，猴子被三件事困住了。

第一，砍尾巴的时候会不会很疼？

改变是痛苦的！于是猴子开始产生恐惧，突然有些害怕砍掉尾巴，并为自己的恐惧找借口：工作太忙了，我没有那么多的时间看书，而且我真的不喜欢看书；跑步也是一个有技术含量的运动项目，不会跑不但不能达到想要的结果，反而会伤害身体，所以还是算了吧……

第二，砍了尾巴后，身体还能否保持灵活性？

改变会有一定的风险。猴子开始仔细分析风险，并试图为自己找到更多的风险：经常看书会不会使眼睛近视？经常看书会不会让自己变成书呆子？现在空气质量这么差，每天运动会不会生病？长期跑步会不会对膝盖不好？……

第三，活了这么久，尾巴跟了自己很多年了，不忍抛弃它。

一般人都喜欢过自己习惯的生活，虽然嘴上说要改变自己，可是如果执行力不强，坚持得不够久，很快就会回到原点。

与猴子一样，有些人从想要改变的那一刻起，过去了很长的时间，却还与以前一样。想要成就一些事情，就必须舍弃另一些事情！舍不得已经拥有的，就得不到更好的！

十年树木，百年树人。领导者要认识到，无论是自己还是组织中的其他成员，面对改变，都需要更多的勇气与耐心，欲速则不达。同时，过快的改变会使组织与成员的价值观、世界观、人生观等发生位移，造成成员心理的不稳定。这样的心理不稳定容易让成员缺乏安全感，安全感的缺乏则会让成员产生忧虑、怀疑等更多的负面思想，负面思想又会影响成员的工作与生活状态，最终使组织与成员回到最初的原点甚至倒退。

这并非组织与领导者的初衷，因此领导者需要接受一个现实：改变需要循序渐进，从一些微小的改变开始，逐渐找到组织与成员的"雪球"，引起雪球效应。

人究竟会不会变？答案是肯定的。表面上是环境的变化引发了人行为的变化，实际却是每个人内心都有改变的动力。没有人愿意承认自己是无能和失败的，这是生命本能的意志。

改变，也许会痛苦一阵子！不改变，就可能痛苦一辈子！事业与情感都是如此。

小 结

一个观点：没有人愿意承认自己是无能和失败的，这是生命本能的意志。

一个现实：改变是可能的，而且是不可避免的。

一个故事：周处除三害的故事。

一种思维：发展性思维。

一个实践：每天观察自己、他人的改变是什么，无论大小。

❻ 创新原则

【创造力,人生而有之】

两位领导者带着自己的助手来到城郊的湖边钓鱼,当日他们的收获相当不错,一条接着一条地钓上大鱼。其中的一位领导者心情很好,对自己的助手说:"在湖面的这个点做个记号,明天我们再来的时候会钓到更多的鱼。"当他们一行人靠近岸边时,领导问:"你做记号了吗?""做了!"助手一边指着船的边缘一边说"我在这里做了标记,就在船的边缘。"领导者瞬间失望:"也许明天船家不会给我们这条船了。"这则故事表现了职场中一个普遍存在的现象:组织成员缺乏创造力。

我们总能听见一些领导者抱怨自己的成员没有创造力,说成员只会依照指令行事,像只会执行命令的机器人。在组织管理中,这类成员被称为受指令驱动的成员,然而,正是"指令驱动"扼杀了成员的创造力。

为什么会出现指令驱动呢？很多时候，领导者认为自己是组织中最了解组织的人，自己是组织中经验最丰富的人，因而喜欢用自己过往的经验指导目前的工作，形成思维固化。

一些有想法、大胆的成员在入职初期敢于把自己发现的问题、自己的想法向上反映，其中能力强者还会提出一些具有创造性的方案。然而提交方案之后，基本得不到回应。数次这样的经历，自然会使成员的积极性受挫。日复一日，有追求的成员可能因为自己的方案被无视，无法创造更大的价值而选择离职，而另一些由于生存压力或者其他原因留下来的成员，则选择听从指令行事。

组织成员并非真的蠢笨，他们原本具有创造力，之所以越来越没有建树，多半原因来自组织鼓励"功能性愚蠢"。"功能性愚蠢"是什么意思？如果您是组织中的成员，不妨先了解以下三种状态自己是否也曾经历过。

第一，不喜欢给出自己的假设，把别人的想法认为是理所当然。例如：总是告诉领导他想听的内容；当公司或上司决定终止一个项目、一个行动时，你二话不说就停掉了它。

第二，做事之前不问为什么。在工作中应该很容易听到这句话："我们之前都是这样做的。"也就是说，组织中约定俗成的做法成为人人都接受的东西，并被一直传承、执行下去。

第三，局限于完成自己的工作，不去思考自己的工作会如何影响其他成员，也不去思考工作、流程是否可以有所优化。

如果以上情况在你身上存在，那么你正在工作中实践着"功能性愚蠢"。当然，这种"功能性愚蠢"并不完全是自发的，组织往往在用莫名其妙的条条框框、各种复杂的规定，推广着"功能性愚蠢"，让组织成员越来越"笨"。

对领导者而言，"功能性愚蠢"能带来很多好处，例如，有助于决策的制定和执行，让任务分配变得更明确，减少工作中的摩擦。进入21世纪，创造力越发显得宝贵，拥有高创造力意味着抢占先机。然而创造力也意味着控制难度的增加，使用不当会使工作效率暂时下降，甚至使工作出现纰漏，这样的情况并非领导者们想要看到的。面对这样的两难境地，一大部分领导者选择了最简单，看上去也很有效的方式：忽略创造力。的确，如果成员们都不思考、不质疑仅执行的话，一个决定往往很快就能达成。

然而这样的"高效率"背后可能是更多的负面影响。"功能性愚蠢"使组织成员变得循规蹈矩、越来越麻木。久而久之，成员习惯于领导者替自己思考，替自己完成有挑战性的工作，替自己承受更多的压力。领导者与此同时也进入了另一个负向循环，承担越来越多的责任，处理越来越多的工作，越来越多地沉浸于事务性工作而无法展现更大的领导价值，无法在需要时做出英明的决策。

那么,如何解决"功能性愚蠢"带来的诸多问题呢?

首先,需要正确认识创造力。大部分人生来就有创造力。在孩童时代时,我们就陶醉于想象的游戏,提出各种稀奇古怪的问题。但是,随着时间的推移,我们慢慢地失去创造力,一个主要的原因是我们习惯于相信。习惯既是社会倾向也是心理倾向,它总是以特定的方式来解释事物以迎合我们的需要。

其次,创造力是一个人本身就具有的,开放的心态和积极的态度可以抵消外部条件的不足。阿瑟·范甘迪将影响创造力的因素分为两类:内部因素和外部因素。创造力取决于个人,不论您是组织的所有者,还是组织的经营者、管理者,抑或是普通成员,想要富有创造性,可以学习以下内容。

1. 创造力的内部因素

其一,乐于接受新的想法。

解决问题时思想不开放,就如同骑着一辆只有一个好轮子的自行车,很难达到目标。想要充分利用创造力,就要善于接受新的想法。这一点非常重要!分析一个想法可以帮助我们产生新的想法,因此即使一开始我们不同意某个新想法,在完全抛弃它之前,仍可以关注它,并思考其中积极的部分,以产生新的想法。

其二,好奇心。

想要有创造性地、有效地解决问题，需要对问题充满好奇，提出各种各样的问题。爱因斯坦正是好奇心大师，他经常会对任何人都确信无疑的常识提出疑问。有了好奇心，更善于去寻找解释和解决问题的方法，解决问题的能力会提高。

其三，独立性。

独立思考，可以形成解决问题的新视角。一间教室中坐满了学生，他们被要求去试着解决孩子上学途中穿越街道的安全问题。孩子们提出了各种在其他方面成功应用的方法，如建天桥、让孩子穿荧光色的夹克，以及对汽车限速等，这些方法是很常见的，也是老师希望听见的。只有一个人例外，这位学生建议学校董事会卖掉学校，改为设立在线移动学校，这当然并非老师所期待的，因为这个想法听起来不切实际、不常见，甚至不可行。然而，无论怎样，这也是这名学生敢于表达的一个经过独立思考得出的观点。有创造力的人不会过度地受到他人意见的影响，即使受到别人的强烈反对也要充分阐述自己的观点。

其四，拥有童心。

就像很多教孩子解决重大问题的技巧性玩具一样，成年人不应该害怕把自己的想法当作玩具玩一下。

其五，直觉。

当脑海中的灵感闪过，用最快的速度把它记录下来。也许突然出现的想法我们不会马上执行，但我们也要欢迎它们的闪现，拥有的灵感越多，越有助于日后的筛选与决定。

2. 创造力的外部因素

我们总抱怨缺乏创新型人才，实际上绝大多数成员都有能力进行原创性思考，具有创新能力，只是组织中广泛存在的强势文化束缚了成员的思维，压抑了成员的创造性。组织中的领导者可以尝试做到以下几点，营造崇尚创新的组织氛围。

其一，鼓励成员表达各种想法。

在绝大多数情况下，成员会觉得自己的想法无关紧要，甚至认为有独特的想法会威胁自己的职业发展。领导者需要使所有的成员明确，产生新想法是每一位成员的责任，并且倡导大家勇敢地表达自己的想法。

其二，接受新奇的想法。

领导者需要接纳非常规的想法。非常规的想法可能创造更多的新想法。对问题的各种看法，会增加解决问题的概率，因此，各种方法都应该被尊重。

其三，为思路发展提供帮助。

组织中，哪怕是最好的成员的设想都需要进行复审。有时候听起来不那么可行的想法也可以通过几次更改变为有效的方案。这并不是说应该接受所有想法，而是可以给每个想法一个公平的被聆听和发展的机会。

其四，鼓励冒险。

创新带来的风险并不代表事业上的风险。因此，外部的组织氛围需要鼓励谨慎地冒险（对冒险负责任）。

其五，承认想法的价值。

马克·吐温曾经说过："只凭一句赞美的话，我就可以充实地活上两周。"外在的正向强化能够给成员每天攀登困难之巅的动力。一个内心感到满足的成员有能力解决困难，有积极性，并充满创造力，因为他觉得对于同事、上司以及组织，自己的努力是值得的。

想要建立真正的原创性文化，激发成员的创造力，除了成员自身的因素外，更需要领导者创造良好的组织氛围：使成员在组织中可以毫无拘束地表达最疯狂的想法，激励团队创造更多更好的问题解决方案，完善的激励措施使组织成员更乐于为组织创造更多、更大的价值。

此外，作为领导者或者父母，可以使用一些能够激发成员或孩子创造力的提问，比如：

你能想到的最疯狂的解决方案是什么？

如果是别人遇到这个问题，他会怎么做？

如果没有任何资源的限制，你会怎么做？

…………

小 结

一个观点：创造力，人生而有之。

一个现象：功能性愚蠢。

一个故事：钓鱼的故事。

一种思维：激发胜过指令的思维。

一个实践：多提激发创造力的问题。

❼ 蘑菇原则

【尊重人才成长规律】

前文我们重点谈及创新原则，领导者需要给组织成员创建一个发挥智慧与创造力的环境。在健康的组织环境中，人才的成长有什么规律？如何善用人的成长规律，使人才高速成长为职场精英呢？现在，我们一起了解一个新的原则——蘑菇原则。

蘑菇原则并非由著名的心理学家或者管理学家提出，而是20世纪70年代由国外的一批年轻电脑程序员总结而来。它的原意是：生长在阴暗角落的蘑菇，因为得不到阳光又没有肥料，常处于自生自灭的状况，只有长到足够高、足够壮的时候，才会被人们关注，然而此时它们已经能够独立地接受阳光雨露了。

在金字塔形的组织架构中，真正能够走上高端职位的成员终究是少数，大多数成员都没有达到组织期望或者自己设定的成就目标，还有一部分成员大抵会黯然离开或浑浑噩噩地留在原地。

蘑菇原则强调"吃得苦中苦，方为人上人"，属于自然生长法则，而教练型领导者需要做的是因材施教，把成才的小概率变为大概率。

教练型领导者这样定义人才：不是只有做出经天纬地大事的人才是人才，就组织而言，合适的人在合适的职位上做出超越预期业绩的，就是人才。

每个人都有自己的潜能，教练式的领导，让潜能大者成为组织的栋梁，潜能小者找到自己的定位，充分发挥自己的潜能，这样组织便可充满生机和活力。

《三国演义》中，当关羽进攻襄樊、水淹七军，威震华夏时，吴国正悄悄地展开奇袭，上演了"吕子明白衣渡江"的好戏，擒杀关羽，夺回荆州，吕蒙功劳很大。如此厉害的吕蒙，最初崭露头角之时，在许多人心中只是个草包将军，因为他读书很少，并且也不爱读书。引导吕蒙蜕变的关键人物是他的君主孙权。孙权曾鼓励吕蒙说："你现在担任要职，掌管军事，应该多读书，增加见识。"吕蒙抱怨，军务繁杂，恐怕没时间读书。孙权却说："作为君主的我，每天要处理的事情比你多太多，但我每天还是要坚持读书。我不是要你钻研经书做博士，而是要多读书，了解过去的事，只有博古才能通今。"孙权又以刘秀、曹操手不释卷为例，鼓励吕蒙多多读书，同时为他开出了书单。吕蒙在孙权的鼓励与指导下发奋用功,这一读便读出了另一番境界,孙权、鲁肃对吕蒙赞不绝口,最终吕蒙由冲锋陷阵的武将华丽成长为闻名于世的帅才。

孙权是一个很好的领导,也是一个很好的教练,他了解成员的优点和缺点,因材施教,不时地激励和指导,关注成员的成长,并在合适的时候委以重任,肯定成员的成长与能力的提升。

很多职场人都有这样一段"蘑菇经历",这段经历未必不是有益的,特别是在一切都刚开始的时候。一些刚刚走出象牙塔步入职场的成员,会因对真实的市场环境、真实的组织环境了解有限,而显得理论为上,骄傲浮躁,不甘心做配角,此时,短暂的"蘑菇经历"可以使其更快地进入现实,更加理智地面对实际状况。

现代管理理论将人才的成长大致分为四个阶段,即:继承阶段、成长阶段、成熟阶段和衰退阶段。《易经》的乾卦恰恰从另一种角度展示了这个人才成长的过程。

当新成员初入组织,是"潜龙勿用",因为此时的他对于组织与职位了解甚少,需要更多的学习与实践,短期之内不会有很大的建树。

当拥有了一定的积累之后,他逐渐会显现一些人才的特质,进入"见龙在田"阶段,组织或领导者会为他安排一些任务或挑战。其中的一些人把握住机会走入下一个阶段,当然也有些人因为某些原因没有把握住机会，就需要在此阶段继续磨炼。

"见龙在田"后便进入"终日乾乾"的阶段。在此阶段，成员要保持勤奋，有更多的成长。伴随着坚持不懈的积累与沉淀，成员的个人能力会获得前所未有的提升，此时"或跃在渊"的时机也会随之而至。当成员的能力足以承担更重大职责时便是"飞龙在天"。

"飞龙在天"就是所有的成员依据在组织中的职位和作用，不断地开发自己的潜能，成为最卓越的自己。教练型领导者就是要帮助成员做到自己的"飞龙在天"。

当下社会的发展速度快得惊人，每一个组织都要求人才更快地成长。"不经历风雨，怎么见彩虹"，"风雨"有可能对组织和组织成员是一种伤害，使其折戟沉沙一蹶不振，但教练型的领导者，却可以通过教练的方式将所有的"风雨"转变为成长的机会，使处于蘑菇期的成员成为真正的人才。这样的过程可以分为以下五个步骤。

第一，给予成员足够的关注与支持。

关注本身就是一种伟大的力量。尺有所短，寸有所长，每一个人都有自己的独到之处，都有值得称道之处。当领导者给予蘑菇期成员以关注，成员便能够感受到来自领导者、组织的尊重、重视与认可，增强自我价值感，从而产生植根团队、提升能力、发挥潜能的意识与行动。

第二,让成员树立信心。

前文讲过孟尝君的故事,故事中,每个人都有自己的优势。我们常说:没有完美的个人,只有完美的团队。发现并确立自己的优势,并认识到自己的优势对团队的影响力,将大大增强成员的自信心。

第三,确立方向与目标。

发自内在的热情、前进的方向与目标是组织成员奋进的真正动力。帮助成员挖掘其内在的动力,为成员确立适合他本人的方向与目标,会使成员本人看到发展优势、提升能力的成果,这有助于成员在做每一项具体工作时,都能明确这项工作的价值及其在自身目标实现中所起的作用,从而安于当下,有效完成工作任务。

第四,适时教练。

每个人都会为自己做最好的选择。所有的成果,都来自对于这个选择的执行与付出,每一份付出都有其积极的意义。成员的工作成果或有欠缺,当领导者将眼光放得足够长远,并将每个欠缺都当作一次成长与提升的机会时,就会发现并无失败可言。在教练行业有一句话:没有失败,只有反馈。教练要帮助成员正视行为与结果,帮助成员认识到其中的反馈信息,支持成员找到更加接近目标的方式与方法,从而有效地调整行为,甚至改变结果。

第五，及时肯定。

为成员开启更多的"快乐开关"（参考阅读本书讲金钱逻辑的内容），针对成员每一次小小的进步给予成员及时的肯定，使成员每一次微小的努力与改变都可以获得认可，增强其归属感与信心，帮助成员高效跨入创造阶段和成熟阶段。

小 结

一个观点：每个人都有自己的潜能。

一个原则：蘑菇原则。

一个故事：从吴下阿蒙到大都督的吕蒙成长史。

一种思维：遵循人才成长规律的思维。

一个实践：五步领导蘑菇成员。

❽ 贡献原则

【成为品格卓越的贡献者】

　　我们时常觉得痛苦，因为我们在扮演爱的乞讨者。现实中的我们把太多的能量都耗费在对别人的需要上：在生活中我们渴望别人关心自己，爱自己；在组织中，我们经常要求成员付出真心，对组织忠诚，为组织鞠躬尽瘁。然而在这样要求的同时，我们也不得不面对另外一个现实：并没有人会百分百爱你（甚至包括你自己），更没有哪个成员会毫无保留地将自己的生命托付给组织。

　　痛苦也由此产生。领导者在对自己不满意时，在组织成员没有满足自己的期待与要求时，内心就会产生痛苦，不只是自己痛苦，周围的人也会遭受痛苦。因此，身为领导者，首先要抛弃因爱、因要求而产生的痛苦，需要接纳本已富足的自己，需要认识到另一个维度的自己，需要突破对外界要的要求；其次需要自由地爱自己，使自己充满能量，然后再将能量传递给他人，爱他人。

领导者需要接纳自己的一切，拥有无论如何我都爱我自己，百分百、无条件地爱我自己的信念与胸怀。我爱自己的优点，同时我也接纳自己的缺点；我爱已经拥有的成功，也接纳我曾经经历的失败。因为我已经足够爱自己，因而我不需要任何来自外界的爱；因为我已经足够爱自己，因而我有足够的爱，爱组织，爱成员，为组织创建一个充满爱，而非充满要求的环境。

领导者需要与自己建立一种真实的关系，这种真实的关系，使得我们愿意正视真实的自己，从而看到真实的自己，不对真实的自己撒谎，更不与真实的自己对抗。当我们开始接纳与享受这种真实的关系时，我们便能敞开心扉接纳他人，即使在别人眼中这个人不可信，即使在别人眼中这个人不值得你付出，你至少可以选择接纳他、包容他。或许这样的思维与格局难以企及，它需要一些自我突破与尝试，而突破需要先从人的运作系统开始。

如果把人的思维比作一套有规律的运作系统，那么大部分人都希望自己能够成为一个有影响力的领导者。

对于他人的影响力，我们往往会通过其外在展现来评估。然而，行为是外显的部分，决定行为的却是看不见的思维。每一个人的行为都受思维控制，若要改变一个人的行为，就需要改变一个人的思维。

大部分领导者更关注成员的行为，而忽略了成员思维的作用。因为领导者拥有权力，权力可以使领导者仅依靠简单的命令与要求就使成员做出行为上的一些改变。一次行动改变并不困难，具有挑战性的是使人保持正确的行为，甚至形成正确的习惯。史蒂芬·柯维博士在《高效能人士的七个习惯》中表示，一个人只有在思维上的地图发生改变，才能创建成功的行为地图。这也说明了，思维改变是行为改变的基础。

那么，人的思维受什么影响呢？哈佛大学著名心理学博士丹尼尔·戈尔曼在关于情商的研究中发现，一个人的情绪系统影响其思维模式。让我们想象这样一个场景：当你坐在公交车或者地铁上的时候，身边站了一个陌生人，他无意间踩了你一脚。这时，你会如何反应呢？会立刻踩回去吗？我想多数情况下不会。一般人的正常反应通常是根据自己当时的情绪状况决定如何看待事件，如何回应。

在多年的教学与教练实践活动中，我发现大多数人对自己情绪发生与发展的敏感度非常有限。识别自己情绪的能力是情商智力中的一部分。我们可以通过觉察和识别自己的情绪，调整自己的情绪能量，最终获得创建选择的自由。

萨提亚冰山模型向我们展示了情绪的来源。情绪来源于信念，信念是我们看待世界的标准。信念系统中包含我们的价值观，同时信念也在影响着我们价值观的形成。信念自身并无好与坏的区别，只是我们经常运用自己的信念所创造的标准，展示出我们内心对人、事、物的期待，并试图以自己的期待控制人、事、物。因此，正是我们的信念标准创造了冲突，我们是一切冲突的根源。当期待与现实产生差距时，就会产生满足与不满足两种结果；两种不同的结果，使得我们的情绪反应也完全不同。

当然，我们完全不用担心，所有冲突，所有满足与不满足的结果，均源于我们的卓越品格。正是我们的卓越品格创建了我们对人、事、物的信念与更高的标准。因此，当发生冲突的时候，我们可以不感受愤怒以及其他复杂的情绪，而感受内在的卓越对我们的召唤。正是内在的卓越创造了我们的信念：我是谁？我是一个卓越的人。

当一个人没有合理地发挥并发展自己的卓越品格，就会创造出截然不同的世界。教练课程强调：活出自己的卓越品格。卓越品格涉及两种身份，一种是贡献者，一种是乞讨者。更多的人活出的是卓越的乞讨者身份。乞讨者身份是指经常通过向他人乞讨来满足自己的卓越，例如，当我们的卓越品格是自信的时候，如果我们是乞讨者，我们会建立人一定要自信的信念，进而用这个标准来衡量周围的人，当他人没有满足这个信念标准的时候，我们就会产生不满甚至愤怒的情绪，就会判定这个人是个懦夫，于是我们就开始批判这个人的行为，甚至是控制这个人的行为。在这种情况下，我们满眼都是这个世界的懦弱，以此来证明自己是一个自信的人。当我们的行为越来越具有批判性时，追随者越来越少，因为没有人愿意和一个喜欢批判的人在一起。时间长了，我们自己也逐渐失去自信，我们的内心越来越懦弱，因为我们看到的最多的就是懦弱。越是这样，我们就越容易用批判来掩饰自己自信品格的缺失，我们自己也开始变成懦弱的人。

当然，我们可以选择另一种身份，那就是成为自信这一卓越品格的贡献者。卓越品格贡献者的信念建设与乞讨者有很大不同。乞讨者会说人要自信，贡献者则会说人是自信的。卓越品格的贡献者满眼都是他人身上的自信品格，因为贡献者相信每个人都有自信的卓越品格。由此，贡献者是淡定、平和以及宽容的，并会建立一套如何用这个标准来要求自己而非他人的思维模式，贡献者用自己的卓越品格来影响这个世界，使得周围的一切变得越来越卓越。

活出自己的卓越品格贡献者身份，非常有助于解决组织、家庭与社交中的矛盾与冲突。

真正自信的人会放下自己对世界，对人、事、物的期待，卓越品格的贡献者只关注做好自己，通过不断地创建正向影响，吸引越来越多的追随者，从而创建属于自己的真正的领导者影响力。这就是领导者获得高影响力需要探索的路径之一。

为了获得高影响力，领导者需要在品格、信念、情绪、思维、行为五个维度觉察并遇见真实的自己（如图 2-1 所示），在这五个维度充分发展自己，形成卓越力、信念力、情绪力、思维力、影响力。

图 2-1　领导者获得高影响力的五个维度

小　结

一个观点：信念标准创造冲突。

一个原则：贡献原则。

一个故事：乞讨者的负向循环。

一种思维：卓越品格贡献者的思维。

一个实践：从向外求到向内求。

❾ Y^{23} 原则

【勿以善小而不为，勿以恶小而为之】

你相信东京郊区的一只蝴蝶扇动一下翅膀会造成佛罗里达州的一场风暴吗？很多人一定会说：真是无稽之谈，根本不可能。然而，在系统动力学的推论下，这完全是可能的。

让我们来做一道简单的数学题。假设 $Y=1$，那么 $Y^2=1$，Y^{30} 仍然是 1。若在 1 这个数的小数点后第七位做出一个微小的变化，即 $Y=1.0000001$ 时，$Y^2=1.00000020$，Y^{23} 仅为 1.52109486，但是当我们计算 Y^{30}，答案居然为 207,017,139,865,568,000,000,000（兆亿级别）（如图 2-2 所示）。你是否惊讶于如此之大的结果？

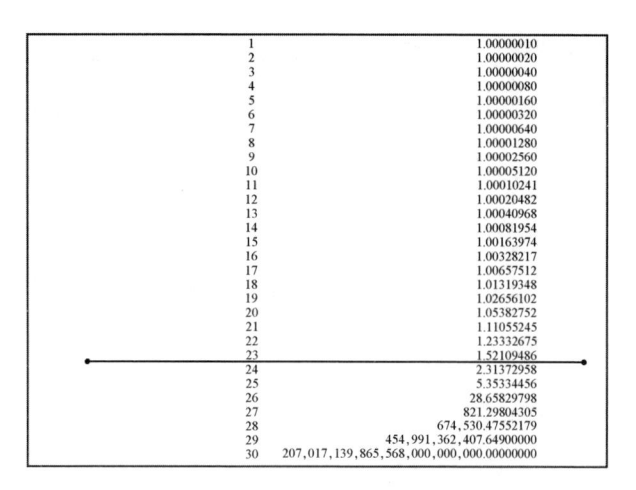

1	1.00000010
2	1.00000020
3	1.00000040
4	1.00000080
5	1.00000160
6	1.00000320
7	1.00000640
8	1.00001280
9	1.00002560
10	1.00005120
11	1.00010241
12	1.00020482
13	1.00040968
14	1.00081954
15	1.00163974
16	1.00328217
17	1.00657512
18	1.01319348
19	1.02656102
20	1.05382752
21	1.11055245
22	1.23332675
23	1.52109486
24	2.31372958
25	5.35334456
26	28.65829798
27	821.29804305
28	674,530.47552179
29	454,991,362,407.64900000
30	207,017,139,865,568,000,000,000.00000000

图 2-2 计算结果

以上这一简单的计算中，明显的变化发生在 Y^{23} 到 Y^{30} 之间，这也是 Y^{23} 原理名称的由来。Y^{23} 的变化不亚于佛罗里达州的一场风暴。蝴蝶翅膀扇动一下，真的会产生特别大的能量，这种现象被称为"蝴蝶效应"。蝴蝶效应说明一个很微小的机制会造成很大的变化，它提示我们，一个不良的机制或许很小，但会造成非常大的危害（也称作"地雷机制"）；相反，一个优秀的微小机制也会产生轰动式的正面效应。

当 Y 为 1 时，即意味着墨守成规，不做任何的突破，用相同的模式行动、运作，而不做出任何有益的突破。

然而，在 Y 为 0.0000001 时，即只做出一点点突破，在一定条件下，实质性的变化就会发生。机遇总是存在的，能否抓住机遇则取决于自身是否具备抓住机遇的能力，因为机遇从来都是为有准备的人开绿灯。设想 Y^{15} 不见变化，Y^{16} 不见起色，到了 Y^{22} 也没有太明显的变化，看到这样的结果便选择放弃，那么只能与机遇和成功失之交臂。因此，成功需要决心，更需要恒心。

Y^{23} 理论提醒每一个人、每一位领导者，每天的进步虽然微乎其微，甚至完全不可见，然而这并不影响从此刻起着手创造属于自己的 0.0000001。做好自己的 Y^{23}，从一点一滴的进步开始，持续行动、突破与积累，终将取得成功。

同时 Y^{23} 理论也在提醒每一位领导者，组织成员做出的每一点正向的微小努力都是难能可贵的，但可能成员自身无法感受到自己的变化与价值，此时最需要教练型领导者的肯定与反馈，使成员相信自己的行为是有意义、有成果的。领导者的看见和支持，使得成员有信心在改变的路上再前进一小步，直到 Y^{23} 这一奇点的到来，产生由量变到质变的飞跃。

让我们再从组织运营层面思考 Y^{23} 理论。Y^{23} 理论提醒领导者需要在组织中建立正向且长效的机制，同时关注组织运营的细节。

组织中发生的一些微小状况往往得不到足够的重视，随着状况的逐步发展，在 Y^{23} 以前，它一直没有体现出明显的危害性；一旦超过 Y^{23}，危机真正地浮出水面，微小的状况几乎引发一次组织的灾难，想要挽回已经晚了。这也正是许多组织虽然耀眼，却昙花一现的重要原因。

同理，当组织为美好的愿景与伟大的目标做出变革与努力时，可能在相当长的一段时间内无法看到成效。但是，如果方向正确，机制良善，运行有效，在不断的坚持与优化中，收益便会在不知不觉中积累，目标的达成、愿景的实现就成为自然而然的结果。因此，组织的领导者要将自己的视野由短期转向长期，以系统的思维模式，将关注力更多地集中于发展变化中，以期实现短期效益与长期效益之间的平衡。

Y^{23} 理论是一个极为简单的数学模型，却给我们折射了太多的道理。组织中的人才战略永远不是一蹴而就的，永远不是依靠"挖墙角""空降兵"而实现的。组织中人才不足的现状可否通过花费100万元、200万元就能迅速改善呢？这是组织的运营者、领导者需要思考的。很多时候，组织对人或创新的关注，缺乏一份坚持。在大量的投资在前期看不到效益的时候，很多组织选择了放弃，这也正是很多问题存在的原因。欲要进步，唯一的方法就是从量变到质变，每天积累一点点，进步一点点，改善一点点，最后就能有丰厚的收获。

因果是自然之理，因为种瓜而得瓜，种豆而得豆；量变到质变也是自然之理，因为千里之行，始于足下。

一位商人经商屡战屡败，有一天他突然觉悟，用1万元起家使自己成为亿万富翁，又过了十几年他成为百亿富翁。商人进入大学分享他的成功之道：可以赚8成的时候一定要赚6成。原因很简单，赚8成有10份生意，如果赚6成就有100份生意。前者赚了80元（8×10），后者赚了600元（6×100），后者是前者的7.5倍。

刘备说：勿以恶小而为之，勿以善小而不为。小恶事积累能变成大恶事，小善事积累能变成大善事。马云也说：听说过捕虾能发财的，没有听说过捕鲸发财的。

锻炼身体如果要求自己每天在跑步机上跑2小时，很难坚持，因为很少有职场人每天都有2小时来锻炼身体。如果把每天的锻炼时间压缩到15~25分钟，更易坚持，效果也会更好。

不论做什么重要的事，不用刻意追求每一次都做到完美，应转而追求坚持，无论是为人处世还是经营组织，都是如此。

小 结

一个观点：成功需要决心，更需要恒心。

一个原则：Y^{23} 原则。

一个故事：1万元起家成为亿万富翁的故事。

一种思维：蝴蝶效应的思维。

一个实践：每天正向突破0.0000001。

控制原则 ⑩

【控制或许可以获得一时的成果,但无法产生持续的改变与成效】

我曾经参加一个亲子教育沙龙活动,活动中,一位 16 岁男孩的妈妈在做自我介绍的时候突然情绪失控。她一边哭泣一边说道:"我家孩子从小学到初中,非常听话,成绩一直是班级前几名,可是到了高中,他突然不喜欢学习了,行为很叛逆,成绩一落千丈。他前后的反差让我崩溃,我觉得自己是一个失败的母亲。我向大家请教一下为什么孩子会有这样的转变,我怎么都想不明白。"

这绝对不是个案,现代社会中的许多家庭都经历过类似的情况。对于孩子突然的变化,家长们手足无措,失望无助。问题究竟出在哪里？我们的孩子真的是突然变得叛逆和不听话了吗？

当孩子不听话的时候，父母通常是认为孩子任性、不乖、不懂事、不理解大人，却很少意识到，孩子的行为也许只是对父母心理控制的一种抵抗。

孩子小的时候就是一只羽翼未丰的小鸟，飞不高，飞不远，有些父母经常采用控制、施压等手段让这只鸟做出与父母心愿一致的行为。然而，这种教养方式只会使孩子被迫做出"听话"的行为，而并非发自内心尊重父母的要求，日积月累，孩子内心积压了很多不满甚至怨恨。当小鸟的翅膀硬了，孩子发现自己有力量抵抗了，就会选择用破坏性的方式，使父母不能再达到目的。

控制使得父母与孩子成为两种相互对抗的力量，其结果是双方互相排斥，渐行渐远。不仅在家庭中，在组织中这种现象也时常出现。

一位区域销售经理刚刚到职，从公司人力资源部门拿到的第一份资料是公司员工手册，其中主要内容为：职员道德行为训条22项；出差须知18项；业绩考核规范5大项40余小项；岗位职责28项。阅读完这份公司员工手册的经理第二天没有出现在公司，人力资源部总监向其询问原因，他的回复是：这不像进一家公司上班，好像进了一所监狱。

控制原则 ⑩

试问哪一个正常人愿意被控制、被约束呢？然而事实上，太多的领导者正在用控制的思维进行管理。这样的管理方式，成果是一时的，是不可持续的。

控制式的管理看似使结果有了保障，却忽略了对成员感受的尊重，更忽略了成员的自主性与创造力。为什么领导者很多时候喜欢用控制的手段进行管理呢？因为控制会让人上瘾。

心理学家做了一项研究，以了解人们在工作一天的时间里心理和生理状态会发生怎样的变化。当每天早上开始上班的时候，人们的情绪状态开始往下走，直至下班之前情绪状态开始上行，也就是说，情绪状态曲线基本上是 U 形的。

于是心理学家进一步研究，如果这种状态持续下去会发生什么。心理学家抓来两只猴子，将他们关在一个铁笼子里，每天早上九点钟准时开始对这两只猴子进行不规律的电击，一直电击到下午五点三十分，恰好模拟人们平常上班的状态。在这样持续电击了两天以后，两只猴子突然发现了一个规律，在它们的眼前有一盏红色的灯，红色的灯一亮，电击就要来了。

又过去了两天，其中的一只猴子发现在它的身边有一个按钮，它无意地碰了一下这个按钮，发现：只要在红灯亮时，按一下按钮，电击就没有了。这只能触碰到按钮的猴子真是太开心了，因为它终于可以控制这一切的发生了。只要盯着红灯看，红灯一亮，便立即按下按钮，电击就不会发生了。

119

两只猴子中，只有一只猴子的身边有按钮。我们暂且将有按钮的猴子称为"控制猴"，将另外一只只能等着被电击的猴子称为"伙伴猴"。这个实验一直持续到其中一只猴子死去才完结，也许出乎我们的意料，死去的猴子并非"伙伴猴"，而是"控制猴"。心理学家分析其原因，认为是"控制猴"的压力太大，它必须一直盯着红灯，并需要在红灯亮起的那一刻以最快的速度按下按钮，有时还未完全从上一次任务的紧张状态中恢复，下一次的红灯又亮了起来，"控制猴"又必须进入下一次的紧张状态。猴子也有疲惫的时候，如果"控制猴"未来得及看到灯亮，或者未及时按下按钮，结果就只能是被电击。被电击后，"控制猴"就会产生深深的自责，责怪自己没有及时看到灯亮，责怪自己没有及时按下按钮，并且要求自己下次再也不可以发生这样的事情，因此压力特别大。

而"伙伴猴"的状态如何？与"控制猴"不同，"伙伴猴"不需要在每一天的每一时刻都将自己的关注力集中于那盏可能随时亮起的红灯，它可以自由地转动头部与眼睛，看向它想要看的地方，它还会不时地提醒"控制猴"注意看着红灯，注意及时按按钮，此时"伙伴猴"不但不是一个被动的受害者，反而拥有了监控权。

"控制猴"死后，心理学家又关进一只新的猴子，同时将之前的"伙伴猴""调职"为"控制猴"。又过去一个月左右的时间,新的"控制猴"也离世了。

如果给你一次选择的机会,你会选择做"控制猴"还是"伙伴猴"?一项针对组织中的高管团队的调查,其结果相当惊人:75%以上的高管竟然选择做"控制猴"。他们的理由也惊人地相似:"当然要做'控制猴',死也要死在自己的手上!"

由此我们看到人似乎天生存在掌控的欲望。王小波曾言,"人的一切痛苦,本质上都是对自己无能的愤怒"。当人们发现无法通过自己的主观能动性掌控发生的改变时,便会把压力向他人转移,产生对外界与他人的控制。这样的控制实则是一种掩饰,是对自己不自信、不独立和不满足的掩饰,试图用处理别人的问题来回避自己的问题。

当一个人不能够做到自我欣赏、自我激励和自我认可的时候,他的内心是匮乏的,这种匮乏会使其向外表现出控制的行为。与此相悖的是,控制恰恰是领导者在彰显人格魅力时遇到的障碍之一。当领导者可以放下对外的控制,转而向内进发,提升自己内在的价值感,丰富自己的内在,个人魅力、真正的领导力自然会得到彰显。

绝对的权力控制已经不适应当下这个时代,我们应该从过去的传统型控制管理模式转变为今天的教练型影响管理模式,实现认知与思维上的突破。

小 结

一个观点：控制或许可以获得一时的成果，但无法产生持续的改变与成效。

一个原则：控制原则。

一个故事："控制猴"的离世。

一种思维：用影响代替管理的思维。

一个实践：放下对外的控制，转为建立内在的充实。

第三章 策略

❶ GPS策略

【每个人都有解决自己问题的方法】

驾驶汽车的时候，我们通常会使用 GPS 导航系统。当打开导航系统时，通常情况下，第一步会在导航系统中输入目的地；第二步是在导航系统中确认当前的位置；完成这两步之后，GPS 导航系统便会给出路线。系统会至少给出三条路线，其中有一条推荐路线。究竟选择哪条路线，由我们自己决定。我们把 GPS 的这个方式应用在教练型的领导活动中，就形成 GPS 策略。

在组织经营管理活动中，领导者最关注的什么？询问十位领导者，估计有相当一部分领导者会回答：当然是绩效！那么再深入一步问绩效的背后是什么呢，此时大家的回答就会有很大的差别。领导者在关注绩效的时候，还需要去挖掘绩效背后更重要的因素，因为是这些关键因素影响团队中每一位成员的行为，并从根本上影响最终绩效。

朋友的女儿刚进入初中时，入学模拟考试成绩很不理想，朋友对此很忧虑。为了提高女儿的学习成绩，他给女儿安排了一系列的学习计划，而且每天辅导至深夜，期望满满。但在此后的一次测试中，女儿的成绩很不好，就连重点辅导的英语和数学成绩也毫无起色，讲解多次的习题也没有答对，打个"翻身仗"的期望落空。朋友很沮丧，在教训女儿两个小时后，朋友沉默了，为女儿的前途深深担忧。

国庆假期父女俩基本上没有任何沟通，假期的第六天，在外出差的朋友妻子回到家，见到朋友闷闷不乐，家庭氛围不对，吃过晚饭后与朋友聊天，朋友将女儿考试的情况向妻子和盘托出。妻子是专职教练，熟知教练技术，以下是他们的对话。

问："你对女儿成绩的期望是什么？"

答："短期期望是初中一年级成绩能进入班级前20名，二年级能进入班级前10名，三年级能进入年级前50名；长期期望是能考上重点高中，并能顺利地考上××大学。"

问："期望或目标与现状存在较大差距的原因是什么？"

答："可能是高估了女儿自身的基础和对学习方式的适应能力。"

问："女儿自身对学习的态度如何？"

答："态度认真，想成为一个好学生，也很刻苦。"

问:"既然态度很好,又很刻苦,那你觉得是在哪些方面出现了问题呢?"

答:"有可能她对初中课程的要点比较迷茫,理解方式不对。我虽然给她讲解了很多习题,但我教给她的思考和解决问题的方法,她自己总是想不到。"

问:"你在辅导她学习的时候态度是什么样的?"

答:"因为我自己的学习成绩很好,这些习题在我眼里都很简单,自己偶尔会有傲慢的态度,在我讲了几遍她都不会的情况下,我确实表现得很没有耐心,给了女儿不少压力。"

问:"对于你所设定的成绩目标,有什么样的想法呢?女儿给自己设定的目标是什么?"

答:"想通了!女儿的目标是我设的,其实也是我给自己设定的目标。实现这个目标的过程我只能起到辅助的作用,女儿的目标应该由她自己定,我最该给自己设定的目标应该是尽快地帮助她适应新的学习方式。"

问:"你觉得自己在实现目标的过程中有哪些可以改善的地方?"

答:"出发点不同,方式自然不同,不必在乎一时成绩的高低,而应该把重点放在女儿学习方法改善和效率的提高上,我也要更多地鼓励她,肯定她的每一点进步。"

在与妻子谈话之后,朋友明白欲速则不达,在女儿每取得一点儿进步时,朋友都会与她一起高兴,并适时地帮助她总结经验,父女的关系也和谐了很多。期末考试女儿的成绩有了明显的提升,目标达成!在那次谈话之后,朋友找到了最合适的路线到达目的地。

这次对话是一次成功的教练对话,运用 GPS 策略寻找出的路径比更多的思考、分析、判断更有效。GPS 策略的详细对话方式如下。

第一个步骤:找到目标。

就是让对方自己发现目标。这个目标,不是泛泛而谈的目标,而应该明确且具体。并且,在对话的过程中不要戴有色眼镜,想要批判对方,而是要激发对方说出自己想要实现的具体目标。

第二个步骤:明确现状。

这个步骤要让对方明确自己的现状。现在的情况怎么样呢?哪些事困扰着你呢?你做过哪些努力?有谁与此相关?常言道,当局者迷,旁观者清,真正的教练型领导者,需要以中立的态度提醒对方对现在的情况进行判断。

第三个步骤:发现选择。

在前面两步的基础上,进一步让对方发散思维:针对现状,你有什么选择?有哪些方法可以使你从现状到达目标?除了你已经提及的方法外,还有其他方法吗?作为教练型的领导者,对话的过程中仍旧要保持置身事外的姿态，不要批判提问者的任何"荒谬"的方案，要让对方不断地自由地思考，想出尽可能多的方案。

第四个步骤：确定执行。

在这一步中，教练型领导者会问对方：你打算怎么做？你需要什么支持与鼓励？其主要目的是使对方自己做出决定，使对方确定自己要对自己的选择与行为负责，而非依赖别人。

以上四个步骤组成了GPS策略下的教练型对话模式。每一个步骤都需要展开细致的沟通，才能达到最好的效果。很多人在面对困境时，往往不知所措，好的教练型领导者，就是通过提问，使对方一步步清楚地听到自己内心的声音，明确自己真正想要的是什么。当听到自己真实的声音，看到自己想要的，难题便迎刃而解，道理自在心中，前路就在脚下。

在《触龙说赵太后》一文中，触龙正是用GPS策略说服了赵太后，用赵太后的儿子长安君做人质，从齐国搬来救兵，挽救了赵国。

文章开篇描绘了一个气氛极为紧张的局面：赵国国君新亡，秦兵犯赵，赵国向齐国求助，齐国要长安君做人质，爱子心切的赵太后不肯让儿子去冒这个风险，严词拒绝了大臣们的进谏，并声称："有复言令长安君为质者，老妇必唾其面！"

在国家危亡的情况下，触龙深知只有让长安君到齐国做人质才能救赵国，要让长安君做人质则必须说服赵太后，这就是触龙想要达到的"目标"。然而，若从正面去摆事实、讲道理，不但无济于事，反而会自取其辱，目标更无法达成，这是"现状"。触龙找到了最佳的解决方案：顺着太后溺爱长安君的心理，因势利导，使赵太后明白"父母之爱子，则为之计深远"的道理，最终使赵太后自己找到方案，这就是"选择"。剩下的就是按照既定方案执行了，以下是触龙的执行过程。

在争取到面见太后的机会后，触龙先关切地询问太后的起居饮食，并与她谈论养生之道，使本来戒备心极强的赵太后怒色稍微消解了些。这就消除了太后的敌对情绪，为进谏的成功拆除了第一道屏障。接着，触龙恳切地为自己的幼子舒祺请托，以期使太后产生共鸣。果然，这勾起了太后的爱子之情，在她看来，触龙简直算得上是同病相怜的知己了。太后开始与触龙争论谁更疼爱幼子，开始毫不掩饰地向触龙袒露心迹，这就为下一步谈论如何爱子的话题做好了铺垫。

触龙抓住契机，用旁敲侧击的方法说太后疼爱她的女儿燕后胜过她的儿子长安君，这一招果然奏效，立即引发了太后的反驳，触龙终于得到了他最想要的机会。此时，触龙才开始谈论他的爱子观，他回顾往事，说了很多赵太后爱女儿的事情，极力夸赞太后爱燕后而为之"计深远"的明智之举，以反衬出她爱长安君的"计短"。由于触龙不是像其他大臣那样指责太后溺爱幼子，而是"批评"她爱得还不够，应像疼爱燕后那样疼爱长安君。太后听着十分顺耳，在不知不觉中已完全接受了触龙的思想，也明白了"父母之爱子，则为之计深远"的道理。最终，长安君到齐国做人质，得到齐国救兵，挽救了国家。

你或许发现了其中的规律：教练型领导者不会在对话中直指行动计划，而是先明确最有价值的目标到底是什么，之后再支持对方找出达成目标的可能方案，做出行动的决定，最终确定具体的达成目标的方案或计划。

导航到什么时候，我们才可以导出行动计划呢？请参考本书"工具篇"的内容。

小 结

一个观点：每个人都有解决自己问题的方法。

一个策略：GPS 策略。

一个故事：触龙说服赵太后的故事。

一种思维：导航的思维。

一个实践：GPS 策略四步骤对话。

N+1策略 ❷

【拔苗助长不如循序渐进】

有一个爱因斯坦做小板凳的故事。

爱因斯坦小的时候,老师布置手工作业,让大家回家做一个小板凳。第二天,同学们都争先恐后地交出自己的作品,爱因斯坦也将自己做的板凳交给了老师,这是一个制作粗糙、一条凳腿还钉偏了的小板凳。

老师收到这个小板凳非常不满,拿着小板凳对同学们说道:"你们有谁见过这么糟糕的凳子?"当时全班同学都笑了,纷纷摇头。这时候老师又生气地对爱因斯坦说:"我想,世界上不会再有比这更差劲的凳子了!"

爱因斯坦红着脸,走到老师面前,坚定地说:"有!老师,还有比这更差劲的凳子。"全班同学疑惑地望着爱因斯坦。只见爱因斯坦走回自己的座位,从书桌下依次拿出两个更为粗糙的木板凳,边拿边说:"这是我第一次做的板凳,这是我第二次做的板凳,而交给您的是第三个,比起这两个是不是要强得多?"

看到这里,老师不再生气地指责爱因斯坦,而全班同学也再也没有嘲笑过爱因斯坦。

大家看到的并不是爱因斯坦做出的粗糙板凳,而是爱因斯坦做事的态度,一次没做好,就再来一次,一次比一次有进步,每一次都在尽自己最大的努力把事情做得完美。

组织内是否也拥有大量"爱因斯坦"呢?领导者对他们的态度如何呢?是一棍子打死,还是看到成员的每一点努力,给予鼓励、赞赏与机会呢?

很多时候,领导者对组织成员的行为及工作成果很焦虑、很着急,为什么呢?因为领导者习惯在下达一个任务的同时,确定了完成任务的标准,这通常是满分的标准。当成员交给领导者的成果没有达到领导者心中的满分标准时,领导者不满、生气甚至愤怒的情绪随之而来。然而领导者心目中确定的满分标准是谁的标准?当然是领导者的标准,并非成员的标准,成员拥有自己的标准,并为着自己的标准付出了自己的努力。

由此可见,我们通常会建立自己的满分标准,并且用自己的满分标准衡量其他人、事,我们看到的都是与满分的差距,而非他人已经做到的部分与进步。如此一来,我们便无法看到对方做对的地方、做得好的地方，会表现出来更多的不满、批判和控制。

那么领导者如何改变这种满分视角，更多地接纳他人，发现他人提升的空间呢？这就需要 N+1 策略。领导者需要认识到这样一个现实：没有人与领导者本人一模一样，因此也没有人与领导者本人拥有同样的思维。所有成员都有成长与提升的空间，不应持有每一次都必须做到满分这种不切实际的想法，而应认识到，比上一次做得更好就是进步与成功。这正是教练型领导者的价值：激励成员做得比上一次更好！上一次是 N，下一次便是 N+1，只要这一次比上一次"+1"就好，往前推进一点，持续提升便是好的进步。

我与先生都是"吃货"，喜欢吃味道重的川菜。刚结婚的时候，家庭条件一般，为了满足我们的口舌之欲，先生决定自己尝试做水煮鱼。那时先生的厨艺平平，连鱼片都切不均匀，更不用谈掌握煮鱼的火候、汤底的调味，但每次我吃到先生做的水煮鱼都会夸奖他，这次做得比上次好多了。受到了这样的鼓励，先生就坚持尝试，反复思考、实践。后来我们算了算，在一年多的时间内，一共做了不少于 50 条鱼。终于先生掌握了其中的技巧，他做出来的水煮鱼不逊于专业厨师的水准。

朋友来家里拜访，大多会让先生做水煮鱼。当看到朋友将麻辣爽滑的鱼片放入嘴里咀嚼，脸上显露出一种满足感后，先生都会说:"你们现在能吃到这么好吃的水煮鱼,都要靠我太太这个'小白鼠'的付出。"

试想先生第一次做水煮鱼时,我直接就否定了,那么他还会有热情去做第二次、第三次、第N次尝试吗?还会在一次一次的学习、尝试、总结和完善后,做出现在的美味的水煮鱼吗?如果这些都没有发生,今日的我又怎么能享受美食呢?

所以,人才的成长是一个长期、持续的过程,就如同孩子学走路,最开始摇摇晃晃,随时都会倒下去,但在不断的尝试与锻炼后,借助于外物自己可以行走,再后来不借助于外物便可以行走,直至最后,他们可以自由地行走与奔跑在人生的道路上。

N+1策略基本上会出现在我所有的课程中,其价值已经远远超越了一种思维方式、一种策略带给人的方式与方法。它是每一位领导者、每一个人应持有的理念,辅之以本书提及的Y^{23}原则,你会惊讶于N+1策略与Y^{23}原则在真实的生命中所带来的改变是如此巨大。

严格要求不是不对,但不切实际的严格也是不可取的,拔苗助长不如循序渐进。只要组织成员的态度是积极主动的,只要组织成员的每一份付出是倾尽全力的,少一些批评和质疑,多一些鼓励和信任,激励成员在不断的行动中一次比一次更好,每一次都是在上一次基础上的"+1",坚持到Y^{23}的奇点,奇迹就会发生。

小 结

一个观点：所有成员都有成长与提升的空间。

一个策略：N+1策略。

一个故事：爱因斯坦的三个小板凳。

一种思维：这一次比上一次更好的思维。

一个实践：找到每次的进步点，少一些批评和质疑，多一些鼓励和信任，N+1就好！

❸ 蚂蚁策略

【弹性、强韧、自组织】

蚂蚁的世界一直为人类学家与社会学家所关注，蚁群的组织体系和快速灵活运转的能力值得人类学习。蚁群有严格的组织分工以及由此形成的组织架构，并且其组织架构在具体的工作情景中有相当大的弹性。例如蚁群在工作场合的自我组织能力特别强，不需要任何监督就可以形成一个良好的团队并有条不紊地完成工作任务。

蚂蚁做事非常讲求流程，它们对流程的认知直接指向工作效率。例如蚂蚁发现食物后，如果有两只蚂蚁，它们会各走一条路线回到巢穴，边走边用它们独特的方式做记号，先回到巢穴者会释放更重的气味，这样同伴就会走最近的路线去搬运食物。

蚂蚁做事也有很细致的分工，但它们的分工同样存在很大的弹性。当一只蚂蚁搬食物往回走时，碰到下一只蚂蚁，会把食物交给它，自己再回头；碰到上游的蚂蚁时，将食物接过来，再交给下一只蚂蚁。蚂蚁要在哪个位置交付食物不一定，唯一固定的是起始点与目的地。

蚂蚁效应教给人类发现流程中影响效率的节点，并设法改善。在生活中我们身边有很多小案例也应用蚂蚁模式。地铁站的安全检查环节有一部分工作由人工完成，当同时有很多人要乘坐地铁的时候，安检口经常很拥挤，每个人都想尽早进入站台，但欲速则不达。于是地铁公司便使用了S形护栏，使人群在护栏内行动，自然形成队列，依次通过安检，效率与安全性有了很大的提高。

蚁群效应同时也给予领导者一个启示，要时刻关注团队分工是否合理，流程是否顺畅，工作是否高效。一家大型零售连锁店运用蚁群效应调整其物流仓储中心的工作流程。以前该仓储中心应用区域方式拣货，流程的上一个环节完成后，下一个环节才可开始。由于每位成员的工作速度有差异，加之仓储中心商品品种繁多，即使是同一个人，对不同商品的拣货效率也存在差异，这种区域方式拣货容易造成总是有人在等待别人完成工作后才能接手的情况，造成了大量的时间与人力浪费。

零售连锁店借鉴了蚁群的运作模式：一个人不断拣出商品，直到下游有空儿来接手工作后才再回过头去接手上游的工作。为了提高这一工作链的整体效率,他们把速度最快的成员放在末端,速度最慢的放在上游,生产效率比以前提高了30%。

想要在组织的工作场景中保持较高的工作效率,关键点之一是要解决工作链上的脱节和延迟问题,不同职位之间的替补与支持正是解决这一问题的有效方式。蚁群效应在此方面有着极为优秀的表现。

第一,弹性:根据环境变化迅速调整。

教练型领导者并不使用一成不变的管理方式,而是因人而异。人是弹性管理的核心,具体的弹性管理工作围绕人这一最活跃的因素进行,因此组织对人才如何重视都不为过。然而重视人才也需要有其正确的方式。首先组织需要拥有人本观念,把人的作用摆在突出位置;其次组织需要拥有科学的人才任用系统,将人安排于合适的职位,建立周密的授权体制,避免不必要的人才浪费。

第二,强韧。

一个个体的弱势,并不影响整体的高效运作,在教练型领导的世界里,没有真正的弱者,因为没有不好的成员,只有不好的领导者。如果领导者能够运用不同的领导风格,无论是什么样的成员,都可以人尽其才。领导者要依据成员的成熟度来划分成员,再据此选择不同的领导风格。成员分为四种类型,相应的领导风格也分为四种(如图3-1所示)。

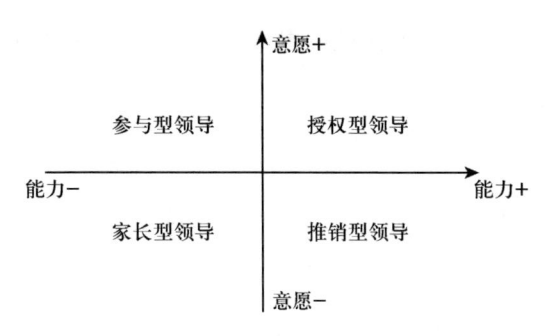

```
                    意愿+
                     │
        参与型领导    │   授权型领导
                     │
    能力-            │            能力+
    ─────────────────┼─────────────────▶
                     │
        家长型领导    │   推销型领导
                     │
                    意愿-
```

图 3-1 四种类型成员与四种领导风格

有意愿有能力的成员是有能力又热爱组织、有强烈工作意愿的成员，适合他们的领导风格为授权型。给予他们足够的信任以及相应的支持和资源（当然资源并非仅指人、财、物，在组织中，健康的人际关系也是一种非常优质的资源），就可以取得良好的领导效果。

有意愿无能力的成员是那些热爱组织但是相对于工作职责尚需要提升能力的成员，适合他们的领导风格是参与型。参与型领导者可以给予成员更多的指导，与其一起工作和解决问题，使其在工作中不断提升工作能力。

无意愿有能力的成员并不热爱组织或者并不热爱自己的工作，但是非常有能力。对于这样的成员，领导者需要做的是充分尊重并肯定其工作能力，使其感受到来自组织的认可，从而提升对组织的认同感。与此同时，需要给予他们机会展示自己的能力与想法，通过一定的授权，使其主动发挥自己的能力，从中获得成功的快乐，找到对组织的归属感。因此，对于此类成员，领导风格以推销型为主，与其共事的过程中，领导者需要不断地"推销"组织的理念与战略，使得他们和组织步伐一致。

无意愿无能力的成员，领导者需要如同家长一样，不断地跟踪、传、帮、带结合，一方面使其感受到成长的快乐，另一方面使其感受到来自整个组织的关爱，从而发挥作用并尽快成长起来。

通常情况下，在一个组织中四种类型的成员都会存在。不论成员属于哪种类型，领导者都需要确认一点，那就是成员工作的绩效取决于领导者的领导水平，而非成员的能力。如果领导者应用不同的领导风格应对不同的成员，即使是无心无力的成员也会取得好的工作绩效。所以，在组织的管理中真正发挥作用的是领导者而非成员。

第三，自组织。

无须太多的自上而下的控制或管理，各个团队与个体能够自主完成工作、达成绩效的组织，我们称其为自组织。我们需要明确的是，自组织不是无组织，而是以组织文化为基础建立起来的。自组织式管理有三个核心要素，即共创、共享、共治。

自组织必须要有共享的愿景、目标，同时有强有力且稳固的组织文化；自组织是分布式的、多中心的组织形式；自组织未必没有明确的角色分工，只是在一定的任务与目标下，角色分工可以快速发生变化,并自动生成的新的角色分工,有时候也会存在多重角色;自组织强调利益共享而不是独享。

海尔公司的自主经营体模式正是运用蚁群效应的一个典型的商业案例。

张瑞敏曾说:"海尔将打造像时钟一样的创新体系,来全面应对每天都存在的危机。"海尔探索"自主经营体",让企业整体充满活力,让每个员工主动去创造客户价值,实现个人价值。过去传统的层级管理会造成一个非常大的问题,那就是任何指令的传达都需要比较长的时间,这就是"大企业病",会形成很多死角。张瑞敏希望海尔做"自主经营体",大家结合起来实现一个共同的目标,同时这对大家都有好处。

企业过去的层级管理模式,容易带来市场目标的缺失,基于信息时代的外部条件审视企业,企业如果不直接面对市场,就会被用户所抛弃。

每个自主经营体必须具备三个要素才能真正实现"双赢"的目标:第一,端到端;第二,同一目标;第三,倒逼体系。这些自主经营体就如同自组织。自组织不但能够迅速感知外界变化,发现和创造客户需求,而且能够不断修复价值目标,使其不偏离满足客户需求的最终目标。

端到端,即市场一线经理或产品代表从客户难题出发,到满足客户需求为止,即从客户端的需求到满足客户端的需求。

同一目标,即产品部定下一个目标之后,这个目标并不是个人的目标,而是所有团队成员共同的目标。

倒逼体系,即将满足用户的需求作为目标,倒逼组织内部形成有效的运营方式。一线销售人员将客户的需求带给产品项目团队,产品项目团队基于客户需求进行研发。因此要解决问题,员工就倒逼着领导提供资源、提供支持、提供服务,形成领导为员工服务、员工为客户服务的倒三角体系。

海尔的自主经营体模式,不仅仅是管理方式的创新,更是对传统的组织管理模式的颠覆。

蚁群效应是现代组织所追求的,而从行业发展的角度来看,其作用会越来越明显。

小 结

一个观点:没有不好的成员,只有不好的领导者。

一个策略:蚁群策略。

一个故事:海尔公司的自主经营体模式。

一种思维:因"地"制宜的思维。

一个实践:应用四种不同的领导风格应对四种不同的成员。

手表策略 ❹

【要使员工思想、行为有的放矢】

在森林里生活着一群猴子，它们每天太阳升起时外出觅食，太阳落山时回去休息，日子过得平淡而幸福。一名游客穿越森林，把手表落在树下的岩石上，被猴子猛可拾到了。聪明的猛可很快就弄清楚了手表的用途。于是猛可成为整个猴群的明星，每只猴子都向猛可询问确切的时间，整个猴群的作息时间也由猛可来规划。猛可逐渐建立起威望，当上了猴王。做了猴王的猛可认为是手表给自己带来了好运，于是它每天在森林里寻找，希望能够拾到更多的手表。功夫不负有心人，猛可又拥有了第二只、第三只手表。

然而出乎猛可的意料，得到了三只手表的猛可有了新的麻烦，因为每只手表显示的时间不同，猛可不能确定哪只手表上显示的时间是正确的。群猴也发现猛可的变化，每当有猴子来问时间时，猛可总是支支吾吾回答不上来。猛可的威望大大下降，整个猴群的作息也变得十分混乱。

只拥有一只手表可以知道时间，拥有两只或两只以上的手表并不能知晓更准确的时间，反而会让看表的人失去对准确时间的信心，无法判断时间，这便是著名的手表定理。手表定理由英国心理学家萨盖根据上面这则寓言故事提出来。手表定理的深层含义是，每个人都不能同时选择两种不同的行为准则或者价值观念，否则这个人的行为将陷于混乱。

当代中国家庭的家庭结构一般为四个老人、两个成人、一个或者多个孩子。孩子无疑是家里的宝贝，孩子的教育也成为整个家庭的头等大事。

我们经常会看到这样一种场景，孩子犯了错误，父母的管教很严厉，孩子便会哭起来。此时爷爷、奶奶或外公、外婆就会出场，抱起孩子开始哄，然后责备孩子的父母，理由大多是管教太严、孩子还小，甚至会说孩子的行为是正确的。总之，错误都在父母身上，孩子没有错。随着老人介入管教的次数逐渐增多，孩子便开始混乱了，究竟父母说的是对的，还是爷爷、奶奶或外公、外婆说的对呢？

一个家庭给了孩子两种价值观，小孩子无法判断哪个是对，哪个是错。于是，孩子也陷入了猴王猛可的困惑，这非常不利于孩子的成长。

还有一种情况，有的父母一片苦心，为了孩子的身体、心理健康着想，不让孩子看电视，给孩子买了大量的课外读物，但是孩子偏偏不愿意看。于是父母因孩子不爱看书而焦急，书可是人类进步的阶梯，为什么我家的孩子就躺在阶梯下面不肯上去呢？更有甚者将孩子关入书房，隔一段时间进去看孩子，却发现书一页都没有被翻过。

仔细研究父母的生活和行为习惯，不难发现，之所以孩子不服从父母的管教去看书，多数情况下是因为父母把孩子送去书房，自己关上卧室的门津津有味地看起了电视，玩起了手机。

家长的这种做法，就是给孩子戴上了两只显示不同时间的手表，对自己对孩子采取了不同的标准，又怎么能使孩子信服呢？

同样的情况也发生在商业场合。有一家大型体育用品集团公司，在上海设有一家旗舰专卖店，月销售额相当可观，明显高于集团其他专卖店，团队建设也可圈可点。因此，一旦有贵宾想要参观集团的店铺时，集团都会安排他们到这家旗舰店转转，旗舰店已成为集团公司的招牌店。

一天，该旗舰店的店长家里突发事件，他必须马上离职回家。因事出突然，所以公司紧急举行了一次内部竞聘，最终李立竞聘成为该店的店长。虽然李立的工作态度非常好，但他没做过管理岗位工作，公司领导担心他的管理水平无法撑起这个店面，考虑再三后，决定从其他店铺调了一个老店长到该店，辅助李立做好各项管理工作。

本以为该店面有两个店长管理，是双重保险了，然而没想到，正是这个双重保险出问题了。两个店长在处理事情时常常出现冲突，致使成员不知所措，造成绩效下滑，成员之间不再彼此信任，扯皮推诿现象层出不穷，团队越来越不稳定。其中一位成员给公司主管领导写了一封信，内容如下。

"陈总，您好！两位新任店长任职已近两个月了，我们店也混乱近两个月了。我不知道为什么公司要安排两位店长，两位店长对我们来说简直就是混乱的代名词。有的工作李店长过来吩咐我们这么做，一会儿王店长又来吩咐我们那么做；有的工作王店长以为李店长安排人做了，李店长以为王店长安排人做了，最后却没有一个人去做。现在我们作为员工，想请假都不知道该向谁请，没办法只得分别向两位店长请示，两人都通过后才可以请假。现在丢货的情况时有发生，刚好店铺马上就要到全面盘点的时候了，我不知道该由谁来对此负责任。"

一位店长管理店铺井井有条，两位店长管理起来混乱不堪。这并非店长能力的问题，而是组织安排出现了问题，两只手表看时间，员工蒙了。

2014年上映了一部由阿米尔·汗主演的奇幻爱情电影《我的个神啊》，影片讲述了一个外星人在地球上的奇幻旅行，用喜剧的形式，对印度的宗教、文化进行了深刻的探讨。

片中主角为了寻找到自己联系外星飞船的项链，四处求神拜佛。因为他对地球上的宗教不了解，闹出了很多笑话。

最后他总结："我终于明白这个世界并不是只有一位神，而是有许多位，而且每一位都有不同的规矩，每一位都有不同的团体，人们为了信仰宗教而加入其中。在这个世界，每个人都只信奉一种宗教，也就是说他只属于一个团体，他也只供奉这个团体的神，其他的都不管。"

这部电影让我联想起以前我在某家服装集团公司做咨询顾问的一段经历。集团公司的老板带领几位核心骨干一起创业，随着组织的壮大，以及几位创始人能力的提升、视野的扩大，每位创始人都形成了自己的经营管理理念，董事长一个理念，总经理一个理念，生产总监、事业部总监也各有各的理念，每个人都觉得自己的理念是正确的，都要在自己的一片"天地"里推行，而成员在工作中与其他部门打交道的时候很迷茫，有点像电影里的外星人。

组织需要尊重每位成员的特点，但这并不意味着组织不需要统一。对于组织而言，使命、愿景、价值观、文化、规章制度以及流程规范等要高度一致，这样才能为每一位成员提供清晰的方向与指导；否则，组织中的成员会陷入"多标"的混乱中，不知何去何从。

通过以上案例，我们可以总结出关于管理的启示：一个组织中，有一只手表就够了。

第一，目标明确，价值观统一：心往一处想，劲儿就能往一处使，这样有助于整个团队运用蚁群策略。

第二，一套制度系统，一视同仁：所有的成员都有统一的制度来指导自己的思想与行动，任何人的行为与制度相违背都应受到责罚。

第三，管理语言一致：每一位成员手中都只有一只手表，这样成员就能获得准确指令。

小 结

一个观点：组织需要灵活性，但同时也需要唯一性。

一个策略：手表策略。

一个故事：电影中外星人在地球的奇幻之旅。

一种思维：唯一性的思维。

一个实践：三个关键点形成手表策略（目标明确，价值观统一；一套制度系统，一视同仁；管理语言一致）。

防坠策略 ❺

【依赖"英雄",不如依赖机制】

在组织管理领域,人们经常担心一个组织的命运过于依赖某一位领导者。他高瞻远瞩、才能非凡、资源丰富、个人魅力十足,他就是整个组织的"护身符",一旦他离开组织,组织就像失控的飞机一样,一坠不起。

怎样才能不使某位领导者对组织影响太大,让组织在这位领导者离开后能够持续健康地发展下去?答案是:依赖"英雄",不如依赖机制。

三国时期,曹操雄才大略,经过多年的征战,基本上统一了北方,经过诸多变革,国力日渐强盛。试想,若没有明确继承人,曹操暴毙,后果将会怎样?有可能北方又陷入混战当中。历史没有假设,当曹丕被确立为继承人后,一切的不确定都变成了确定，单论才能曹丕和曹操相去甚远，但曹丕相对于其他可能的继承人来说是最合适的，后来的历史也证明了这一点，当曹操死后，曹丕建立魏国，在一系列的变革后，北方更加强大，为以后的统一奠定了基础。

1974年，韦尔奇的前任、刚在通用电气公司任总裁三年的雷吉·琼斯已经开始考虑继任人选。1978年，雷吉·琼斯打算使继任人的竞争变得激烈起来。他针对候选人安排了一系列可称为"机舱面试"的活动。他曾这样描述机舱谈话："我把一个人叫进来，对他说：'你和我现在乘着飞机旅行，这架飞机坠毁了，谁该继任通用电气公司的总裁呢？'"

三个月后，琼斯将所有候选人召集来，又进行了一轮"机舱面试"。"还记得咱们在飞机里面的对话吗？"琼斯接着说，"听着，咱们这回同在一架飞机里，飞机坠毁了。我死了，你还活着。你认为该由谁来做通用电气公司的总裁？"琼斯特别要求他们每个人说出三个候选人的名字，并阐述通用电气公司的战略目标。提自己名字的人就要回答这样的问题：通用电气公司面临的主要挑战是什么？怎样应对这些挑战？两次机舱面试之后，琼斯选择了韦尔奇。

现在，杰弗里·伊梅尔特又成为这家公司的新一任总裁。实际上，通用电气公司会投入大量的时间选择接班人，从而形成确定继任人的最佳程序。因此即使现任总裁突然离开，公司也能保证管理稳定。通用电气公司的居安思危值得其他组织学习，完善的机制不只是在运营层面，还要体现在接班人的选拔和培养上。

为了避免坠机事件造成的重大甚至破坏性影响，组织事先需要为自己上三道保险。

第一，打造完善的管理系统。

完善的管理系统使组织不会因为一个人的离开而无所适从，组织成员是在一个系统完善、流程清晰、制度健全的体系内工作，而非在一个人的指导下工作。当然，完善的管理系统并非一朝一夕形成的，需要时间的打磨、经验的总结与持续的优化，甚至阵痛式的变革。完善的管理系统与机制会使整个组织处于运转流畅、效率持续提升的状态，如果把眼光放得足够长远，其也是组织自身能够击败竞争对手的法宝。

第二，突破个人魅力怪圈。

中国很多民营企业是在卓越领导者的带领下创立与发展起来的，就组织而言，领导者就是组织的精神脊梁。然而当组织发展到一定规模与阶段之后，一个人的奋斗已无法把组织带到更高的高度，运转良好的组织机制、高效的管理团队才能使组织更上一层楼。

聪明的领导者会弱化自己对组织的影响，进而强化组织机制与管理团队的作用。正如博雅公关公司前 CEO 柯伟思所说，在组织中，出色的 CEO 还需要建立起一支好的管理团队，使这个团队跟 CEO 具有同样的理念，持有同样的价值观。这个领导团队能够保证任何时间、任何地点组织离开 CEO 都能持续发展。智者知进退、懂取舍，个人魅力只是浮云，基业长青才是根本。

第三，建立常规性的继任机制。

接班人制度不应只涉及组织领导者的接班，更应包括组织中各个职位的接班，完善的接班人选拔及培养制度会使组织充满生机。

身为领导者的您，请闭上眼睛想想，您为您的团队上保险了吗？

小 结

一个观点：依赖"英雄"，不如依赖机制。

一个策略：防坠策略。

一个故事：杰克·韦尔奇的脱颖而出。

一种思维：上保险的思维。

一个实践：防坠三道保险（打造完善的管理系统；突破个人魅力怪圈；建立常规性的继任机制）。

正向策略 ❻

【正向思维模式及从因到果的思维路径】

我们可以用两种方式看待正向思维：一是将其视为一种状态，通常指积极、正向的思维模式；二是将其看作一种思维方法，指解决问题的路径与方法。

被誉为日本经营之神的稻盛和夫认为，思维的正与负决定了人生的成与败。有了正向思维，负向思维就没有了立足之地。正向思维是负向思维的天敌，正向思维会抑制负向思维，用正向思维来替换负向思维，是事业成功和自我价值实现的唯一途径。

稻盛和夫在北京大学的演讲《经营为什么需要哲学》中谈道：人生和事业的成功需要保持正确的思维方式，充满热情，提升能力，持有正面的思维方式极为重要，因为有了正面的思维方式，才会有幸福的人生。一切文明成果都是正面思维的结果，正面思维的本质就是发挥人的主观能动性,挖掘潜力,体现人的创造性和价值。正面思维帮助人们从认知上改变命运,每个人都应该学会用正面思维来管理自己。

两位病人住在同一间病房,在一个晴朗的夜晚,他们向窗外望去。快乐的人抬起头:"啊!好美的星空,我出院后一定要好好享受这样的美景!"而苦恼的人低下头:"怎么又是黑漆漆!"不同的人在同样的环境中对待同样的事物有着截然相反的想法,这是他们对待事物的态度和思维方式不同造成的差异。

心理学家罗森塔尔曾在学校里挑出18名学生,并声称这18名学生最有发展前途。8个月过后,罗森塔尔意外地发现被挑选出来的18位学生果真有较大的进步。这是个漫长的实验,罗森塔尔一直跟踪了解这群孩子直到他们成年,发现原来的这18个孩子在各自的工作领域都取得了巨大的成就。看到这里之后,你是不是觉得罗森塔尔眼光独到?其实这18名学生只是罗森塔尔当初在学校中随机挑选出来的,他们与别的学生本无太明显的差异。

那么发生这种情况的原因究竟是什么呢?事实上,当罗森塔尔向学校提供这18名学生的名单后,所有老师都对这批学生抱有较高的期待,有意无意地以特别的眼光看待他们,并通过各种方式给予他们更多的关注、支持、辅导、认可与赞许等,将期望传递给了这18名学生。学生在接到这样的信号后,便给予了积极的反馈，这种积极的反馈又激发了老师们更大的热情。长期的正向影响，使这18名学生都朝向大家期望的方向发展。我们是否想到过，当你持续认可、夸赞与激励一个人的时候，居然会对他产生如此大的影响。

罗森塔尔效应向我们展示一个人的情感、观念与行为是如何受到别人影响的。我们会不自觉地接受他人的影响与暗示，每个人都希望取得成功，希望得到他人的鼓励和认可，并在这样的激励中获得自尊与自信。

那么如何运用正向思维呢？首要的一点是，重视正向评价的作用。评价不论来自自我还是来自他人，都会对实际行动产生相应的作用与影响。评价一个人是有技巧的，例如夸奖成员的工作报告完成得不错，不同的领导夸奖的方式也会有很大的不同。

第一种领导可能说：你今天工作干得很不错！

第二种领导可能说：你今天的工作报告我看了，不错，我很高兴！

第三种领导则会说：你今天的工作报告我看了，与昨天给我看的那一稿相比有很大的改善，你不但提供了丰富的数据，而且对数据进行了精准的分析，在数据的基础上提出了你的个人建议，在你的建议中，我看到了你审慎的思考，其中也加入了我们此前对话时我的一些观点，你做得非常好，我很欣慰，很高兴！

很明显，第一种夸奖很笼统，第二种夸奖只表达了自己的感受,但成员还是不知道自己在哪里做得好。这两种夸奖方式,都会让成员感觉一头雾水。第三种夸奖则不但表明了自己的感受,更指出了成员进步的细节,使成员不但明确了领导的感受,更知道自己获得好评的原因。

从心理学角度来讲,第三种是最有效的夸奖方式。当然,自我夸奖也要使用这种方式。因此,领导者在管理活动中要铭记:正向评价越具体,激励效果越显著。

在注重正向评价的基础上,领导者需要注重情绪的控制。每一次的情绪外露都是向周围的人传递一种能量。你向他人表达了厌恶、鄙视、愤怒等情绪,他人就会产生挫败感,其中的一些人因此而变得自卑,还有一些人则会变得偏激。

以上所述的"正向思维"指的是积极、正向的思维模式,我们还可以把正向思维看作解决问题的路径与方法。这时,正向思维便是从因到果的思维,代表由已知预测未知的一种能力。看到球员踢一脚足球,我预测球会飞到球场的另一边;按下开关,我预测灯会关掉。擅长正向思维的人,是因果逻辑的收集者,日常在大脑中存放了大量的因果逻辑,以备随时调用。

有一天,微软工程师 Jack 接到了客户的电话,说他的服务器每到深夜就会宕机,问他是怎么回事。Jack 分析了很久也找不到原因,于是建议客户:能不能找个人在机房里面值夜班,观察到底发生了什么。客户居然答应了。

结果令人惊讶，服务器居然没有宕机！大家很高兴，以为没事了。可第二天没值班，服务器又宕机了。反复尝试发现：只要有人在机房中值夜班，服务器就没事；没人在，服务器就会宕机。

后来Jack终于发现，关键因素居然是空调！这位客户的机房平常在晚上不开空调，但当有人值班守夜的时候，因为太热，值班者就会打开空调。在不开空调的情况下，服务器的CPU过热就会出宕机的现象；如果打开空调，服务器的CPU就会因温度适宜而安然无恙。

破案看上去是在进行"逆向思维"，由果到因。但"侦探"脑海中，快速进行着"正向思维"，由因到果。这些因果逻辑的数量和质量，直接决定了破案能力。

那么，如何训练正向思维？

第一，做一个因果逻辑收集者。

看到使用的用户越多，用户对微信的依赖性就越强，就将其收集到"网络效应"的因果逻辑，放到大脑中的商业区；看到有人愿意买1000万元的车，却不愿意买50元的矿泉水，就将其收集到"心理账户"的因果逻辑，放在大脑中的人性区；看到太多管理错位的问题，就收集一些到"责权利心法"的因果逻辑，放在大脑中的管理区；看到创业者路演口若悬河，投资人纷纷举牌，就将其收集到"商业模式"的因果逻辑，放在大脑中的创业区……看得越多，收集越多，站得越高，看得越远。

第二，多读侦探小说，多读科幻小说。

收集了大量的因果逻辑之后，可以从两个方面使用它们：归因与预测。正向思维用于过去，便是归因；正向思维用于未来，便是预测。宋代诗人陆游在《示子遹》中教导儿子如何作诗时指出："汝果欲学诗，工夫在诗外。"如果想要训练归因和预测的能力，也可以从管理以外的领域入手，比如多读侦探小说，多读科幻小说。

读侦探小说，可以训练归因能力。福尔摩斯第一次见到华生时说："你从阿富汗来？"华生大吃一惊："你怎么知道啊？"福尔摩斯回答："由于长久以来的习惯，一系列的思索快速掠过我的脑海，因此在我得出结论时，竟未觉察得出结论所经的步骤。但是，这中间肯定是有一定步骤的。"福尔摩斯说的步骤，正是归因的过程。

读科幻小说，可以训练预测能力。在电影《星际穿越》中，最后人类生活的那个滚筒空间站，就是编剧基于"离心运动产生重力"这个因果逻辑，对未来的有科学依据的想象。这个有依据的想象，便是"预测"。

无论是指积极正向的思维模式，还是指由因及果思维的方法，正向策略均是组织的领导者、每一位成员需要了解与掌握的策略。应用正向策略不但可以使组织处于积极的氛围中，赋能组织成员的行为与思想，更能够使组织的运行更加顺畅与健康。

小 结

一个观点：事物既然有反面，就必然会有正面。

一个策略：正向策略。

一个故事：罗森塔尔选择的18名学生的故事。

一种思维：正向的思维。

一个实践：用正向、具体的语言激励他人。

❼ 热炉策略

【组织中任何人违反规章制度都要受到处罚】

在组织中会有这样的情况发生：一边要执行严格的管理制度，一边要关爱成员。如何平衡管理中的严格管理与关爱呢？这需要热炉策略。

热炉策略来源于组织的经营管理活动，指组织中任何人违反规章制度都要受到处罚。因这一策略与触摸热炉受到惩罚之间有许多相似之处，故称之为"热炉策略"。热炉策略有警告性、一致性、及时性和公平性等四大特性。

《三国演义》中，曹操统领大军去打仗。行军路上，路边的麦子都已经成熟了，但没有百姓在田间忙碌，因为老百姓害怕士兵，所以逃到麦田外，不敢收割麦子。曹操派人挨家挨户告诉村民说："现在正是收割麦子的时节，官兵只要有践踏麦田的，就斩首示众，说到做到，父老乡亲们请不要害怕。"

老百姓开始都不相信，躲在暗处观察曹操军队的一举一动。果然经过麦田的官兵都小心地穿过麦田，没人敢践踏麦子。老百姓看见了，没有不欢喜称颂的，跪在地上望着官军的背影拜谢。

一次曹操骑马赶路，忽然田野里有一只鸟惊叫着飞起来，曹操骑的马受了惊吓蹿入麦田中，践踏了一块麦田。曹操立即叫来随行的官员，治自己践踏麦田的罪。官员说："怎么能给丞相治罪？"曹操说："我亲口说的话，我自己都不遵守，还有谁会心甘情愿地遵守呢？一个不守信用的人怎么能统领成千上万的士兵呢？"随即抽出腰间的佩剑想要自刎，众人连忙拦住。这时大臣郭嘉走上前说："法不加于尊，丞相统领大军，重任在身，怎么能自杀呢？"

曹操沉思了好长时间，才说："既然有'法不加于尊'的说法，我又肩负着天子交给我的重要任务，那就暂且免去一死。但是我不能说话不算话，我犯了错误也应该受罚。"于是，曹操用剑斩断自己的头发扔在地上说："我就割掉头发代替我的头吧。"曹操又派人传令三军："丞相践踏麦田，本该斩首示众，现在割掉头发代替。"众将士听说后，走路更加小心，更无人敢践踏麦田。

在这个案例中我们可以看到热炉策略的影子：规章制度中的要求是不能践踏麦田，惩罚措施是斩首示众；效果是"经过麦田的官兵都小心地穿过麦田,没人敢践踏麦子。"当曹操马踏麦田时,也就是触碰热炉时,作为最高掌权者和制度的制定者也要受到惩罚,表现出热炉策略的一致性和公平性;惩罚没有拖延,立刻执行,表现出热炉策略的及时性;整件事情的结果是众将士严格遵守规则。

我们来总结一下热炉策略的四个特性。

1. 警告性

热炉火红,不用手去摸也知道炉子是热的,会灼伤人,这是热炉策略的警告性。组织中的领导者需要对成员进行必要的规章制度宣传与教育,使成员了解规章制度的内容以及违反后可能受到的惩罚,以作警告。

2. 一致性

不论什么人碰到热炉,都会被灼伤,这是热炉策略的一致性。也就是说,只要违反规章制度就一定会受到惩处,不论是任何时候、什么情况,无例外可言。

3. 及时性

一旦碰到热炉,立即就被灼伤,这是热炉策略的及时性。因此,任何惩处都必须在行为发生后立即执行,决不能拖泥带水,决不能有时间差,以便达到及时确认、及时改正错误的目的。

4. 公平性

不管谁碰到热炉,都会被灼伤,这是热炉策略的公平性。不论是组织的领导者还是普通成员,只要违反组织的规章制度,都要受到惩处。在组织的规章制度面前人人平等。

热炉策略的四个特性也适用于组织内部的奖励。

这是发生在我曾经服务的一家公司的真实故事,故事的主人公是我的同事小严。小严是公司在大学招聘的应届毕业生,家境很好,而且情商很高,工作表现也深得领导欢心,因此升职很快,工作三年便升职为公司设备部件采购主任。小严习惯于高消费,虽然工作三年就成为主任,工资水平已高于同龄人,但对于小严来说还是有些入不敷出。于是小严把"心思"放到他的工作上,几次向供应商索贿成功后,他尝到了甜头,开始联合一些小供应商用次品充正品,赚取差价。生产部门在使用了以次充好的设备零件后,生产设备的故障发生频率明显提升,生产部门因此数次向采购部门投诉,小严的领导也找他谈话,要求他严格审核供应商及产品,如不合格尽快更换供应商。

三个月之后的一天,公司一台价值两千余万元的设备因零配件质量问题而损坏,因设备进口自德国,所以维修费用高达四百万元。小严的事件由此暴露,结果小严被判刑,小严的领导被辞退。

目前的组织大多已有关于职业贪腐方面的明确的制度,小严的公司也有条款清晰的《采购员管理及处罚条例》,热炉有了,有人试着碰了一下,发现不烫手,那就索性把它当暖炉吧!其他的采购部同事也知道小严以次充好的事，在发现小严没有被处罚后，纷纷效仿。有一段时间公司采购的原料质量一日不如一日，小严事件发生后，采购部门人员被更换了40%，但公司的损失再也无法挽回了。

这是一个反例，故事中的领导者在成员触碰了热炉后，没有立即、坚决地做出相应的惩罚，其结果是其他成员相继效仿，管理失去控制。

为了确保组织顺畅、高效、健康地运行，组织会设立完善的管理制度、流程，制度与流程的价值来源于全体成员的共同遵守和执行，当违反制度与流程的行为发生时，如何应对呢？热炉策略给予了我们明确的准则，我们提炼出领导者对成员进行教练、辅导的五个关键行为。

第一，事先告知。

身为领导者，要让组织中的每一位成员切实了解组织及岗位的规章制度，并接受组织的行为准则。当成员提前知道哪些行为会招致惩罚，更有可能认为管理活动是公正的。

第二，第一时间反馈。

违规与反馈之间的时间延长，会减弱反馈活动的真实效果。因此，在违规事件发生之后尽可能迅速反馈。

第三，公平。

公平地对待组织中的每一个成员的行为，公平地处理违规行为，提升规章制度的效力，这样不但可以增强成员的工作士气，更能够提升组织规章制度的严肃性。

第四，关注行为而非关注人本身。

领导者反馈的指向是成员所做出的行为，而非成员自身。另外，一旦实施了反馈，领导者就必须尽一切努力忘记这次事件，并像之前一样对待该成员。

第五，关注行为改善。

领导者需要针对成员可以改善的行为进行反馈。

小 结

一个观点：执行制度才能保证其严肃性。

一个策略：热炉策略。

一个故事：曹操马踏麦田的故事。

一种思维：关注行为而非关注人本身的思维。

一个实践：用五项关键行为执行制度（事先告知、第一时间反馈、公平、关注行为而非关注人本身、关注行为改善）。

❽ 古狄逊策略

【管理是让别人干活的艺术】

要过年了,很多朋友都相约一起度假,可是我们却不敢打扰张总,为什么呢?因为张总一年到头总是忙得昏天黑地,恨不得一天有48小时可用。他总是特别需要成员的帮忙,但是又害怕成员们做不好,以致把所有事情都揽在自己的身上。最后自己没日没夜地加班,成员却在悠闲自在中抱怨自己的进步太小。

古狄逊曾是英国一家证券交易所的主管,他提出一个策略,后来被称为"古狄逊策略"。他说:"管理是让别人干活的艺术。"一个累坏了的领导者,是一个差劲的领导者。

虽然一个称职的领导者最好是一个"万事通",但个人能力超强的人并不一定能够将一家企业或一个团队领导得非常出色。管理从来都不是领导者自己做所有的事情,而是要应用管理与激励方法使全员产生高效能。身先士卒，不如运筹帷幄。

在《三国演义》中，诸葛亮是智慧的化身，周瑜曾说过："诸葛亮神机妙算，我真比不上他。"能让"羽扇纶巾，谈笑间，樯橹灰飞烟灭"的周郎如此评价，说明诸葛亮确实智慧过人。小时候读《三国演义》诸葛亮病死五丈原一段，总是感到无限的遗憾和惋惜，心里不自觉地冒出许多"如果"，长大后逐渐明白，即使那么多的"如果"成立了，蜀汉也必败。地偏民少、人才凋敝是不争的事实，而造成人才凋敝困局的或许正是诸葛亮的能力。诸葛亮晚年的时候，凡事亲力亲为，就连打二十军棍以上的惩罚都要亲自盯着。他解释这种行为时说，因接受了先帝托孤的重任，不容许自己出差错。细细斟酌，"鞠躬尽瘁，死而后已"是好还是坏呢？"蜀中无大将，廖化作先锋"是谁之过呢？

反观东吴的领导人孙权，19岁继承父兄的事业，励精图治，不但盘踞江东，而且通过赤壁之战阻止了曹操南下的步伐，又派吕蒙偷袭刘备的荆州并获成功，使吴国的领土面积大大增加。曹操也感叹："生子当如孙仲谋。"孙权的成功不是靠身先士卒，"内事不决，可问张昭；外事不决，可问周瑜"，孙权手下人才辈出，周瑜之后有鲁肃，鲁肃之后有吕蒙，吕蒙之后有陆逊。相信人才，任用人才，让人才发挥出自己的全部才能，这个团队的战斗力之强大将不可想象。领导者应多学孙权，少学诸葛亮。

美国著名管理学家哈默有一位客户，这位客户在办公室时，除了要打电话联络公司外部的人，还要处理公司内部大大小小的事情，桌子上一大堆的公文等他去处理，他每天都忙得不可开交。每次到加州出差，哈默都要约这位客户早上六点三十分见面，而客户必然会提前三个小时起床，处理公司转来的传真。哈默曾与他谈论，觉得他做得太多，而他的员工只做简单的工作，甚至不必动脑筋去思考，也不必负担任何的责任与风险，长此以往，优秀的、想提升能力的人不可能一直留在他的身边效力。而这位客户却说员工没有办法做得像他一样好。

对此，哈默向他说明两点：第一，如果你的员工像你一样聪明，做得和你一样好的话，那他就不必当你的员工，早就当老板了；第二，你从不给他机会尝试，如何知道他做得不好呢？进而他又说，身为领导者就必须明白：请别人为你做事，你才可能从他们之中发现有才能的人。给成员机会为你完成更多的工作，也可以说是训练他们承担额外的工作。一方面成员会因不断地接受挑战、完成挑战而获得能力的提升，获得因此而来的满足感与幸福感；另一方面领导者本人也可以从繁重的工作中抽身，做领导者真正应该做的工作。

因此，领导者既然不可能任何事情都亲力亲为，就需要用心去栽培值得信赖的、有潜力的成员，并耐心地教导他们。成员在刚开始的阶段，难免犯错误，有时甚至会使公司蒙受损失，但只要不是太大，不会动摇公司的根本，就把它当作人才培养的必要代价。领导者一定要脱身去处理首要的事情，处理可能关乎整个组织前途的工作。适时放手让成员承担更多的责任，并评估他们的表现。当成员妥善地完成工作时，要让他们知道自己做得不错。

在哈默的劝说下，这位客户改变了自己的工作方法，学会了放权给有能力的成员，最终他的公司取得了相当可观的业绩。

许多高校的优秀学子不会自己洗袜子，许多刚进入社会的年轻人离开父母、离开外卖就没法吃饭，这样的孩子是父母想要培养的吗？人最终要走向社会，不论起跑线在哪里，家长都是孩子的第一任老师和领导者，在孩子的成长过程中陪伴他、支持他、鼓励他，勇于放手，给孩子更多的生活及社会实践的锻炼机会，才能培养真正的雄鹰。

很多领导者觉得，与其花费时间教成员做有挑战性的工作，不如自己亲力亲为更为痛快、直接、高效，然而时间长了就会觉得成员不给力。领导者睁开眼睛做工作，闭上眼睛想工作，苦不堪言。常言道"磨刀不误砍柴工"，从长期来看，教会成员，支持成员在不断的工作中成长，总比领导者一个人什么都做高效得多。

领导者是团队中的灵魂人物，可以从以下五个方面着手创建成长型组织：选择适合岗位特点的人才；明确团队方向与目标；创建激发团队成员潜能的机制；取得适当资源支持团队，让成员找到方法，带领成员执行；持续追踪团队的绩效，促进团队获得成就。

组织的发展壮大依靠全体成员的积极努力，群策群力才能推动组织向前进。再能干的领导，也要借助于他人的智慧和能力，这是一个组织发展的最佳道路。

小 结

一个观点：一个累坏了的领导者，是一个差劲的领导者。

一个策略：古狄逊策略。

一个故事：诸葛亮的故事。

一种思维：带领群狼战斗的思维。

一个实践：通过五个步骤创建成长型组织。

垃圾桶策略 ❾

【用柔性的方式使成员积极主动】

荷兰的一个城市为解决垃圾问题而购置了大量的垃圾桶，但是由于人们不愿意使用垃圾桶，乱扔垃圾现象仍十分严重。该市卫生机关为此提出了许多解决办法。其中的一个方法是，增加对乱扔垃圾的人的罚款，实施后收效甚微。另一个方法是，增加街道巡逻人员，成效亦不显著。后来有人出了一个好主意，他们设计了一个电动垃圾桶，桶上装有一个感应器，每当垃圾丢进桶内，感应器就有反应而启动录音机，播出一则故事或笑话，其内容每两周换一次。这个设计大受欢迎，结果所有的人不论距离远近，都把垃圾丢进垃圾桶里，城市因而变得清洁起来。

垃圾桶理论来自城市管理中的有趣实践，这个实践证明，用一种柔性引导的方式，使人们在遵守规范的行为中获得心理上的满足与愉悦，效果远比使用惩罚手段好得多，更不易引起大家对管理的抵触。在组织管理活动中应用这种方式的关键，在于"疏堵结合"，当组织成员发生了影响秩序或绩效的行为时，从组织成员的角度思考，设计组织中的"垃圾桶"，吸引他们主动丢弃不良的行为"垃圾"。

管理带小便池的男厕所与处理被乱扔的垃圾有同样的困扰，男客人经常将小便淋到便池之外，即使小便池有清理系统，也很难清理干净，不得不由专人随时清理。我有一次到一家商场购物，中间去了一趟洗手间，发现小便池的中下部有一个箭靶图标，十环的位置是红色的，外围是蓝色的几个圈，分别标着9、8、7的数字，下面还有一行字："上一位客人是十环！"这一下子就吸引了我，我聚精会神地盯着箭靶，很"配合"地得了十环。当我方便完后，再看看其他男士，也和我一样聚精会神，一心只想中十环。我会心地笑了，这个设计者真是太聪明了，一个小箭靶就让大家乖乖"就范"。

出门的时候刚好看到了打扫卫生的工人，我走过去说："你们小便池那个箭靶设计得可真巧妙。"他笑着说："是啊，之前我一个人打扫一个卫生间，每天都忙得要死，要不停地拖地、擦便池，要不然洗手间就会有异味。现在好了，我一个人可以清理一层楼的洗手间了。"

垃圾桶策略 ⑨

　　远古时代大禹用"疏"的办法解决了他父亲用"堵"的办法解决不了的大洪水问题，"堵不如疏"是先民在与大自然的搏斗中总结出的经验。垃圾桶策略也蕴含着同样的道理：在遇到问题时与其简单粗暴地加以禁止，不如循循善诱，以适当的方式加以疏导，才可以更好地解决问题。

　　我的女儿学英语时阅读理解题错误率高。我们一家三口进行分析后，发现原因是女儿的单词量太少，读不懂短文，因而做短文下面的选择题也只能靠蒙。整改方案是在寒假期间背会常用英语单词1500~2000个，监督人是我。

　　女儿的背单词进度不太理想，第一天她说她背了50个，我考了她一下，背下来的只有十几个，其中还有几个是她学过的。接连三天都是这样，效率很低。第四天晚上我与太太聊到这件事，都觉得这样不行，要想点办法。我们思来想去，最后太太说："你看这样行不行，女儿不是每天都喊着要去吃烤肉吗，我们跟她定个规矩，如果她背会300个单词，我们就去吃一次烤肉。"我点头同意，不出所料，女儿也同意了。

　　女儿是个"吃货"，喜欢美食，尤其喜欢小吃。她期末考试最后一天的晚上，我们一家人去吃了一次烤肉，女儿吃出了满满的幸福感，从此"烤肉"就经常挂在她的嘴边。

　　现在有了烤肉的诱惑，女儿的学习态度有了明显的转变，认真了许多，效率也高了，自己每天还定计划，有什么不会的立即过来询问。5天时间她真的背会了300个单词，我们也遵守承诺，带女儿去吃了烤肉。女儿在整个假期都很努力，为她的下一次美味奋斗着，没再用我们操心。

这是一个生活中的小插曲，女儿对背单词这个枯燥的任务能动性不高，她自己心里也清楚这项任务对自己有好处，但眼前看不到，所以"出工不出力"，一会儿喝口水，一会儿吃水果，一会儿再看手机。责备了她多次也没效果，既然这种下任务加监管的方法行不通，那就只能改变方法，考虑到女儿是个"吃货"，美食有可能是她的热情激发点，没想到这个办法竟然成功了。

我曾为福建的一家大型服装集团公司提供过4个月的咨询服务，集团总部位于一栋高档写字楼内。去该公司工作的第一天，大概上午10点钟，我正在仔细阅读公司的管理文件，公司的员工突然三三两两地离开座位往外走，我有些好奇，正在这时邻座的一位伙伴提醒我："早茶时间到了，你要不要去？"于是我随着她去了。早茶室像个咖啡厅，桌椅的摆放也很随意，桌子上有各种面包和水果，角落里还有咖啡机和热水壶，于是大家边吃边聊，有说有笑，氛围融洽。15分钟过去了，大家很自觉地离开早茶室。

中午吃饭时我与员工们聊起这件事，员工们向我介绍了早茶室的由来。因为公司做女式服装，女员工比较多，女员工大多喜欢吃零食，这样办公室会显得很杂乱，公司领导也因此事制定过规章制度，禁止在办公室吃零食。但有些人还是偷偷地吃东西，领导看见了也没办法，久而久之其他成员也开始吃起来。领导觉得这样不行，于是开会讨论解决方案，最后的方案是，每天上午 10 点到 10 点 15 分为早茶时间，成员统一到早茶室进餐，而且所有餐饮由公司提供，但在早茶室外禁止任何成员吃零食，违者重罚。制度出来以后，大家都不在办公室里吃零食了。

公司的早茶不仅给成员提供了一种福利，还给像我这样的外来人员提供了更快了解公司、融入公司环境的机会。既然堵不住，那就试着疏导一下吧，可能结果会出乎领导者的意料。

日常的管理活动要处理成员在工作期间的各种状况，用监管和处罚的手段短期内能够发挥效用，但我们更想点燃成员在工作中的激情，使其积极、主动、高效地完成工作，使整个组织都处于运作良好的状态。在管理活动中，我们可以找到更多激发成员热情的点，对症下药，这样团队才会有活力和创造力，组织绩效也会更高。

小 结

一个观点：与其简单粗暴地加以禁止，不如循循善诱，以适当的方式加以疏导。

一个策略：垃圾桶策略。

一个故事：画有箭靶的小便池。

一种思维：堵不如疏的思维。

一个实践：找到激发成员热情的点，对症下药，提升成员的效率。

横山策略 ⑩

【自发的才是最有效的】

横山法则由日本社会学家横山宁夫提出。横山法则认为：自发的才是最有效的，想要激励成员自发地工作，最有效的控制不是强制，而是引起个人内在的自发控制。

有自觉性才有积极性，无自决权便无主动权。在管理活动中，我们常常过多地强调约束与压制，事实上这样的管理往往适得其反。如果人的积极性未能充分调动起来，那么规矩越多，意味着管理成本越高。智慧的领导者懂得在尊重和激励上下功夫，了解组织成员的需要，然后满足他。只有这样，才能激起成员对组织、领导以及自己工作的认同，激起他们的自发控制，变消极为积极。真正的管理，就是没有管理。

对于了解中国历史的人来说，商鞅变法是一个耳熟能详的历史事件。商鞅变法发生在秦孝公在位年间，变法之后，秦国一步步走向强盛，为统一六国奠定了坚实的基础。商鞅变法中的奖励军功制是军事方面的伟大变革。

商鞅变法之前，秦国的爵位一直采用世袭制，这使得很多真正在战场上拼命的士兵失去了晋升的机会，对于这些没有晋升机会的士兵而言，打仗除了获得军饷外，没有别的好处。好好打仗可以领军饷，不好好打仗也是领同样的军饷，表现再好也无出头之日，何必拼上自己的性命。因而，军队的战斗力比较弱。

为了改变这样的状况，秦孝公任用商鞅实行变法，废除世卿世禄制，建立军功制，并明确了详细的奖励方案。为了能够切实地奖励军功，商鞅制定了二十等爵制，规定：秦国士兵只要斩获一个敌人首级，就能得到爵位一级、田宅一处，斩获的首级越多，得到的赏赐就越多，从低往高，获得相应爵位。军功制在鼓舞秦军士气、提高军队战斗力等方面发挥了巨大作用，在战场上，秦国士兵无不奋力杀敌。

商鞅并非提出军功制的第一人，但军功制在秦国执行得最到位，收效也最大。底层士兵有了向上晋升的阶梯，而且这个阶梯完全可以由自己掌控，作战越勇猛，得到的好处就越多。试想在秦国士兵的眼里，全副武装的敌人根本就不是能够伤害自己的对手，而是爵位和良田等利益，"抢"慢了就没有了，士兵们如狼似虎地冲锋，在心理上已经碾压对手，想不取胜都难。

打仗是会死人的，士兵也是人，畏惧死亡是人的天性，秦国通过军功制使士兵自发地毫无畏惧地杀敌，说明秦国的领导者把尊重与激励运用到了极致。

有 A、B 两家公司，都是行业的标杆企业。两家公司都有自己的内部刊物，然而对于内部刊物这件事，两家公司处理的方式不同，效果也有很大的差异。

A 公司的刊物为月刊，由专人负责。公司每个月在内部征稿，不强制，有少量稿费。写得好的自然会刊登出来，其中不乏优秀的文章入选行业期刊，作者与公司均大大加分。刊物中如果有内容涉及公司管理，公司总裁便会在下一期的刊物中予以回复。公司成员看到总裁在刊物中对自己想法、建议的回复，就会自豪地向周围的伙伴炫耀，即便建议没有被采纳，成员也感受到了来自公司高层的尊重与重视。公司成员通过内部刊物对公司的了解逐步加深，对公司的认可、归属感更是与日俱增。

B 公司的刊物也为月刊，也有专人负责。但与 A 公司不同，B 公司强制征稿，有稿费。朋友恰好在 B 公司工作，他说最让他头痛的事就是每个月的投稿，因为他所在的战略运营部一共有 5 人，按照规定每月要投 3 篇高质量的稿件，压力很大。

为了应付这份苦差事，一些大部门会安排一位专职的部门"记者"，负责内部刊物的投稿。这种稿件来自"刻意"写作，质量可想而知，很难反映公司实际情况、成员心声与成员的最新学习工作成果，刊物的内容大多空洞无物。

办内部刊物本意是宣传企业文化、价值观，向成员告知企业近期的重大变化，并展现成员的所想、所感、所获，是高层与普通成员沟通的桥梁。B公司的强制手段给成员造成了负担，让成员自发参与自然是不可能的。

对比两家公司在内部刊物上的做法，A公司的稿酬没有B公司高，但效果很好，成员愿意投稿，愿意向公司高层说心里话，因为他知道，高层能看到，会尊重，会回复，自己或许还有受到关注的机会。B公司的本意也是达到与A公司同样的目的，但机制不同，结果自然就有天壤之别。

促进组织成员自我管理、自我激发的方法，就是处处从组织成员的内心需求与实际利益（利益不仅指物质上的）出发，想他们之所想，急他们之所急，为他们解决实际问题，给予他们展现自己、发展自己的机会，给予他们尊重与适当的激励。做到了这些，成员自然就会与组织融为一体，也就会自动自发地工作。

当然，事情都具有两面性，组织在进行管理时一定要注意，给予成员更多的空间，不等于让他们随心所欲。要真正让成员努力工作，这才是最终的目标。

在这一点上唐玄宗就是失败的典型。唐玄宗在执政的晚期已经十分昏庸，他纵情享乐，宠爱杨贵妃，信任宦官高力士，几乎不管理朝政，将一切事务都交给宰相李林甫处理。安禄山由于得到唐玄宗和杨贵妃的欢心，身兼三镇节度使，权力很大，大臣们都认为如果不对他加以控制将会造成难以收拾的局面。但是唐玄宗对安禄山的所作所为并不过问，只是一味地进行安抚。久而久之，安禄山越来越骄纵，最后终于起兵造反，大唐也开始由盛转衰。

这对于现代组织的领导者而言，也是一个极大的警示。领导者要始终牢记自己的管理目标，横山策略的核心是提醒领导者实施外紧内松的管理方式，而非一味地放纵。

小 结

一个观点：有自觉性才有积极性，无自决权便无主动权。

一个策略：横山策略。

一个故事：商鞅的军功制。

一种思维：自发最有效。

一个实践：从成员的利益出发，为他们解决实际问题，给予他们展现自己、发展自己的机会，给予他们尊重与适当的激励。

第四章 工具

❶ 导航路径工具

【九宫格——实用且灵活的领导者教练工具】

在前文讲信任逻辑的一节中我们谈及有三位下属的领导者 Ben，三位下属分别给 Ben 安排了一项工作任务，Ben 为了完成任务而不得不在周六加班，而三位下属却在周六相约高尔夫球场。

当下属找到领导者时，身上一定背着猴子；但是当下属离开领导者的时候，身上的猴子便爬到了领导者身上，下属一身轻松，而领导者浑身上下，甚至整个办公空间与家里都爬满了各种各样的猴子。安肯为领导者提出了一项建议：领导者需要具备处理猴子的能力，要辨别猴子的主人究竟是谁，并将猴子交还给主人喂养；领导者应该做的是通过适当的方式辅导或教练下属养好自己的猴子。

现在，我们来了解一个有效的教练工具——九宫格。

九宫格是一个实用且灵活的领导者教练工具。顾名思义，九宫格由九个格子组成，它们分别是：第一格，调整＋目标；第二格，现实＋困难；第三格，关系＋原因；第四、五、六格，资源＋选择；第七格，责任＋意愿；第八格，责任＋支持者；第九格，报告＋分数。

当按照这九个格子完成一次教练后，领导者便可以顺利地帮助成员达到以下目标：

①找到真正的任务与目标；

②明确任务的现状与困难；

③发现完成任务、解决问题的多种有效方式；

④选出最能达成目标的方案；

⑤确立清晰的问责系统；

⑥树立执行的意愿与信心。

让我们借用 Ben 的案例，应用九宫格来促使员工喂养属于自己的猴子。

员工 A：这是我们下一季度市场营销策划的方案，这份方案很重要，您能不能帮我看一下？（猴子来了。）

Ben：嗯，这个方案确实很重要。

进入第一格——调整＋目标

Ben：关于这个方案，你想要达成的目标是什么？（员工 A 之前没有深刻地思考这个问题，现在被 Ben 这样一问，脑筋立即开动起来。）

员工 A：老板，我想达成的成果是这样的……

进入第二格——现实+困难

这一格，帮助员工 A 看到更多的事实，做更多的分析。

Ben：嗯，非常好！那么，为了这个目标，你已经做了些什么？完成到什么程度了？在哪里遇到了困难？

进入第三格——关系+原因

在这一格中，帮助员工 A 做更多关于成功后状态的探索。

Ben：你会有什么收获？结果会如何？你为什么觉得这个结果这么重要？

进入第四、五、六格——资源+选择

在这一格中，帮助员工 A 创建从现状到目标的多种选择。

Ben：我刚才了解到你现在的情况是……，我也了解你心里想要的结果是……，基于目前的情况，你会从哪几个地方着手？

进入第七格——责任+意愿

在这一格中，定标准。Ben 需要与员工 A 确认员工 A 要承担的责任到底是什么。比如，这项工作任务在时间上很紧急，那么标准一定跟时间有关；如果这项工作任务很重视控制成本，那么标准一定与成本有关。

导航路径工具 ❶

Ben：在这三个选择中，哪一个选择可以帮我们最快实现目标呢？（我们假设员工A的工作任务在时间上很紧急。）

员工A：领导，我觉得是第二个。

这样就确定了一个可以最快达成任务目标的选项，之后再将目标的实现细化为三个主要行动步骤。

Ben：非常好！那么，你要做的第一步是什么？第二步是什么？第三步是什么……

进入第八格——责任+支持者

在这一格中，进入问责环境，确定完成标准、完成时间及汇报人/支持者。

Ben：这个行动计划的实际执行情况，你会向谁汇报？你希望让谁看到每一步的成果呢？

员工A：我向您汇报吧，毕竟您是我最重要的支持者。

Ben：你会通过什么方式汇报？

员工A：直接与您沟通。

Ben：最近的一次汇报，你打算安排在什么时候？

员工A：下周一。

Ben：下周一的几点钟？

员工A：11点半。

Ben：你打算在下周一的时候将这项工作推进到什么程度？

员工A：我想我要做到……

当然 Ben 也可以与员工 A 确定更加细致的内容，例如每一步骤中的细节、汇报的频率与时长等。

进入第九格——报告＋分数

在这一格中，帮助员工 A 确定自己对整个思考过程及行动计划的满意度及执行意愿度，从中剖析工作推进有可能存在的障碍，并将其解决。

Ben：对于这个行动方案，如果 10 分为满分的话，你会打几分？

员工 A：8 分。

Ben：还有 2 分的不足是什么？

员工 A：大概是……

Ben：那我们接下来做哪些调整，可以让分数增加呢？

员工 A：哦，我做这样的调整……

Ben：关于这个行动计划，你执行的意愿度的分值是多少呢？满分 10 分，你会打几分呢？

员工 A：打 6 分吧。

Ben：那还有 4 分的不足是什么呢？

员工 A：可能我缺少一些资源……

Ben：你会怎样拿到这些资源呢？

员工 A：可能需要您帮助我向 × 总确认一个重要信息……

最后，我们再让员工 A 对这段对话做一个小的总结。

Ben：在刚才的对话中，你学到了什么？有什么收获？

员工 A：Ben，我觉得这类工作我自己能搞定。

此时，Ben 需要记住员工 A 说出的那个关键时间：下周一 11 点半。到了下周一 11 点半，如果员工 A 没有来汇报，则 Ben 需要找到员工 A，并跟进计划的执行情况。如果员工 A 如约向他汇报，那么有两种可能。

第一种可能是员工 A 在此时间点完成了计划中需要完成的任务。这时，Ben 需要对员工 A 的付出与成果给予认可与鼓励，并进一步沟通。

Ben：关于这个方案还有什么要我支持的吗？

员工 A：您能否在……方面支持我？

Ben：关于这方面你想要达成的目标是什么？（新一轮的九宫格对话）

当然，也有第二种可能，员工 A 未完成计划中的任务，此时 Ben 需要进行新一轮的九宫格交流，从第二格开始，对现状进行新一轮的分析。

Ben：发生了什么？在哪里遇到了困难与挑战？

在现状分析当中找到一个关键性的问题，得到真实的答案后，Ben 继续帮助员工 A 形成目标，从九宫格的第一格"调整+目标"开始。

通过 Ben 的案例，我们展示了九宫格这一教练工具的使用方式。相信你已经感受到了九宫格的强大与灵活，将九宫格应用于你的管理活动中，它一定能够发挥巨大的作用。

我们再对九宫格的步骤做一个总结。

第一格，调整+目标：你希望实现什么目标？目标达成的标准是什么？

第二格，现实+困难：目前你已具备哪些资源？进行了哪些尝试？效果如何？

第三格，关系+原因：如果目标达成，你认为会有什么样的改变？你认为周围的人会怎么评价你？你又会有什么样的感受和思考？

第四、五、六格，资源+选择：你认为下一步需要采取哪些行动？还有什么？还有什么？

第七格，责任+意愿：经过我们的讨论，你有什么样的思考和决定？如何保证实现目标？什么时间实现？

第八格，责任+支持者：还有哪些人需要知道或参与？如何参与？

第九格，报告+分数：对于自己的计划，你会打几分？对于自己的执行意愿，你会打几分？我们做什么调整，可以让你提升满意度和执行意愿度？你是否愿意给我们的谈话做一个总结？

小 结

一个工具：九宫格。

一个故事：成员 A 营销策划方案改进的故事。

一种思维：帮助成员喂养好自己的猴子。

一个实践：应用七步将九宫格落地于管理活动中。

❷ 倾听沟通工具

【3F 倾听】

李凡是公司的运营专员,虽然她的职位级别并不高,但是因为本职工作做得非常出色,公司内部的很多市场运营执行工作都由她来负责。年底是市场运营部一年中最忙的一段时间,市场运营总监鲍总早早地就将公司与一个大型商场合作的跨年庆典活动的组织任务交到了李凡的手上。鲍总相信,李凡一定能把这场活动办得漂漂亮亮。

距离庆典活动举办只剩下 4 天的时候,李凡敲开了鲍总办公室的门,突然汇报说:"鲍总,庆典活动您可能需要安排其他人负责了,我实在忙不过来了。"鲍总很吃惊。

遇到这样的情况,该怎么应对呢?我们介绍一种全新的沟通方式,有可能可以更快、更好地解决问题。这个工具便是 3F

倾听。

人们在说话的时候，基本上会传达三部分内容：第一部分是事实，即事情真实的情况；第二部分是感受，即因这件事情产生的感受；第三部分是意图，即在事情后面的深层次的意图。这就是 3F 倾听的 3 个 F：Fact（事实）、Feel（感受）、Focus（聚焦）（如图 4–1 所示）。

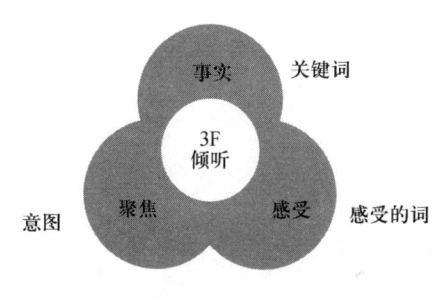

图 4–1　3F 倾听

在倾听中获取事实的部分，不需要评估，不需要猜测，更不需要评判，只需要了解真实的情况。A 先生总是莫名其妙地批评人，B 女士很没修养，C 宝宝经常调皮捣蛋，这样的说法，都是评判而非事实本身，因为它们并没有反映事实，什么是莫名其妙？什么行为是没有修养的？什么行为体现了宝宝调皮捣蛋？另外"总是""很""经常"这样的词语多用于概括性的表述，而"宝宝这一周有三个晚上没有刷牙"这样的话才是对事实的描述。

你在与成员的沟通中对事实的描述多还是评判多呢？领导者

需要确认这一点，只有事实才能帮助成员客观地看待问题，每个人对主观评判的理解不同，在管理活动中会造成偏差，甚至形成误解，从而产生负面情绪。而事实通常不会使人产生太多的负面情绪。

当李凡说"鲍总，庆典活动您可能需要安排其他人负责了，我实在忙不过来了"，如果你是鲍总，会怎么做呢？

鲍总：发生了什么事？

李凡：SAP 进入了最后的测试阶段，我每天都在连轴转，连睡觉的时间都没有了。

此时此刻，李凡表达了她的立场，最关键的是接下来你的立场在哪里，这将会决定这件事情是否能够得到有效解决。你可能说："那庆典怎么办"，"别人来负责组织庆典我肯定不放心，必须你去"，"要是想要换人，你也应该早点提出来，现在安排别人接手，太仓促了，很容易出现差错"。从这几句话中，你发现自己的立场了吗？毋庸置疑，你的立场在你自己这一边。

可能你还想说："SAP 的测试让别的同事做嘛！"这看似在找解决方案，但是立场依然在你自己这里。当立场在你这里的时候，你就失去了对李凡的理解。

让我们暂时放下自己的立场，站在对方的立场，重新交流一次。

李凡：鲍总，庆典活动您可能需要安排其他人负责了，我实在忙不过来了。

鲍总：发生了什么事？

李凡：SAP进入了最后的测试阶段，我每天都在连轴转，连睡觉的时间都没有了。

鲍总：嗯！最近这段时间，我也看到你确实非常忙，累坏了吧？

李凡：是啊！又是庆典活动，又是测试、反馈，这个月我没有一天在晚上11点前下过班，每天回家女儿早都睡了……

前文提到，人们在说话的时候，基本上会传达三部分内容，第一部分是事实，第二部分是他的感受，第三部分是他的意图。你从李凡的话中听到这三部分信息了吗？如果听到了，接下来你需要做的是复述。

第一步，复述事实。

鲍总：嗯！你现在工作特别忙，既要组织庆典活动，又要做SAP测试，连女儿的面都见不到，更别说照顾她了。

下一步，复述对方的感受。

鲍总：李凡，你现在很累，很辛苦，也很纠结与无奈吧？

再下一步，复述对方的意图。

李凡的意图就是要放弃庆典活动吗？李凡对自己负责的工作有没有责任感呢？如果没有的话，她就不会主动找鲍总沟通这件事情了。

鲍总：你现在一方面想顺利地完成SAP的测试，另一方面又希望庆典活动能够完美举办。

这样就说出了李凡的两个意图。当你从事实、感受、意图这三个维度重复李凡话语的时候，李凡便会放下她的防御系统，采取开放的态度。

接下来，你可以利用3F工具，通过以下三步，回到自己的立场。

第一步，向李凡讲述事实。

鲍总：庆典活动，如果你不能负责的话，可能只能以失败而告终了。

第二步，回到自己的感受。

鲍总：一方面我很理解你，另一方面我也感觉有些无奈。

第三步，回到自己的意图。

如何表达自己的意图呢？切记不要把意图表达成命令，要让双方共创解决问题的空间。

鲍总：我们一起来想想有什么办法，既不影响SAP的测试和正常上线，又可以将庆典活动办好。

这样的表达很有价值，因为在这样的情境中鲍总与李凡创建了一个相互理解、相互支持的共创环境，只有在这样的环境下，双方才有可能平复情绪，展开理性的思考。再次强调，一定不要把意图表达成命令,而是要尊重对方,使双方成为一个面对任务的整体。

当意图明晰后,鲍总与李凡便可以从积极的意图层面,设定新的目标,选择一个达成目标的方法,用GPS及其他教练工具,制定行动方案。

这就是3F倾听沟通工具,它可以有效地帮助你处理冲突。通过四个步骤,你可以完成一次完美的3F倾听沟通。

第一步,倾听事实、情绪及意图。

关键点:放下评估、猜测与评判,清空自己的内心,用倾听获得真实的事实、情绪及意图信息。

第二步,复述对方的事实、情绪及意图。

关键点:暂时放下自己的立场,站在对方的立场。只有这样,才会弱化对方的防御心,使双方心平气和地进行沟通。

第三步,回到自己的立场,表达自己的情绪及意图。

关键点:不要把意图表达成命令,而要尊重对方,使双方成为一个整体。

第四步,重新确定目标,制订行动计划。

关键点:这个步骤是大家共创的过程,而不是发出自己的命令,或者表达自己的想法与决定。

小 结

一个工具：3F 倾听。

一个故事：李凡组织庆典活动。

一种思维：有同理心的思维。

一个实践：四步完成 3F 倾听，解决冲突，达成共识。

提问沟通工具 ❸

【强有力提问】

"你是想卖一辈子糖水,还是想和我一起改变世界?"乔布斯提出的这一问题让无数人拍案叫绝。一个创造全新情景、指向未来的问题,瞬间就可以让我们陷入沉思,开始憧憬美好的未来。世界顶尖级 NLP 潜能激发教练安东尼·罗宾曾说:"所谓成功的人生就是问自己一个更好的问题。"

在管理活动中,领导者经常会问:为什么事情发展成这样?你就不能在开会时把话说清楚吗?这是谁的错?你就没有想过自己做决定的后果吗?你为什么这么做?……

在生活中,我们还会这么问:为什么作业又没有做完?是谁又把拖鞋满地乱扔了?为什么我每次回家都这么吵?你就不能不在我思考的时候跟我说话吗?……

这样的问题具有共同的特点：聚焦于过去已经发生的事情；带有不满、指责与批评；给自己及他人带来压力，从而启动双方的爬行脑，关闭双方思考与创新的能力。

好的问题恰恰与此相反，好的问题不但不会给人造成压力，还能够引发人的思考，使人从不同的角度和层面思考。教练领域将这样的提问称为"强有力提问"。

强有力提问至少有以下几种功效。

第一大功效：转移焦点，把焦点引向积极、正向的角度，引向期望达成的结果。

"我为什么会这么沮丧，为什么别人不喜欢我？"

"我怎么才能让自己重新快乐起来，并且更受他人的欢迎呢？"

第二个问题很明显地将焦点从已经发生的问题，转移到未来的积极、正向的结果。

第二大功效：激发他人思考以寻找答案。

"我的上司从来不对我的方案给出建议。"

"怎么做才可以让上司对我的方案给予更多的建议与支持呢？"

第一个问题是对现状的某种程度的陈述，我们或许还可以从中感受到些许情绪。与此相反，第二个问题主要是向他人寻求帮助，也促使当事人自己为了想要的结果探寻更多的可能性。

第三大功效：使人沉浸在成果中，因为只有着眼于未来才可以获得成功。

"为什么项目进展得如此不顺利？"

"怎么做才可以让项目顺利进行，保证项目最终成功呢？"

很显然，后一句话会使人聚焦于未来的成功，产生更加深入的思考。

教练型领导者的提问通常有两种类型，第一种为封闭式提问，第二种为开放式提问。

封闭式提问一般会有预设的答案，回答者只需要问答"是"或"否"，或者从多个选项中做出判断与选择，也就是说，答案只有一个。例如"喝水吗"这个问题，回答者只需在喝与不喝中做出选择即可。若进一步问："想喝点什么？白水、绿茶、普洱、咖啡还是柠檬汁？"这依然属于封闭式提问。

所以，封闭式提问在两种情境中使用：确认信息；做出选择。

除了封闭式提问，教练型领导者经常用到的是开放式提问，好的开放型问题能够为对方赋能，因为其能够引发对方更多的思考，更能够通过目标激发对方的热情。

强有力提问通常有三个标签。

其一，开放。

教练型领导者在对话中更多地使用开放式提问，更少地使用封闭式提问。因为强有力提问的目标是激发对方更多地思考，寻找更好的答案，而非在仅有的选项中做出选择与判断。

其二，未来。

教练型领导者会更多地提出未来导向型问题，更少地针对过去提问。教练型领导者需要引导对方想象未来成功的状态，而非不断地回顾过去，因为过去已经不可改变，未来却充满希望。

其三，如何。

教练型领导者会更多地提出"如何"型问题，更少地提"为什么"型问题。"为什么"会给对方一种被质疑的感受，"如何"则会使对方展开关于行动的思考，创建更多的可能性。

回到前文提到的那几个问题，用三个标签将一些问题转化为强有力的好问题。

问题1：为什么事情发展成这样？

用三个标签转化："未来我们做些什么能够让事情良好发展？"

问题2：你就不能在开会时把话说清楚吗？

用三个标签转化："以后你怎样做才可以使我们在会议上了解所有的关键内容？"

问题3：这是谁的错？

用三个标签转化："以后怎么做才可以保证工作顺利进行？"

问题4：为什么作业又没有做完？

用三个标签转化："怎么做可以把每天的作业高质量地完成呢？"

通用电气公司前董事长杰克·韦尔奇为了旗下一家橡胶公司

是否要卖掉的问题而一筹莫展,他向德鲁克请教时,德鲁克一连串的强有力问题让他豁然开朗,并做出了决定,而且这一连串问题的答案也成为通用电气公司后来几十年战略思想的核心点。

德鲁克面对杰克·韦尔奇的问题时并未做出正面的回答,而是从另一个角度提出了这个问题:"假设这家橡胶公司不是通用电气公司旗下的,韦尔奇买还是不买呢?"这个问题对于解决前面卖与不卖的问题又有哪些启发呢?

好问题胜过千言万语,强有力提问的重要性无须赘述。掌握强有力提问的技巧是教练型领导者的必备能力之一。

总结一下:强有力提问是时间轴指向未来、关于"如何",聚焦于目标与成果的提问。

小 结

一个工具:强有力提问。

一个故事:德鲁克的提问。

一种思维:聚焦于未来成果的思维。

一个实践:用三个标签做好强有力提问:"开放""未来""如何"。

❹ 霍桑效应工具

【ORID——一种近乎完美的对话方式】

1924年11月，以哈佛大学心理学专家梅奥为首的研究小组进驻西屋电气公司的一家分厂——霍桑工厂。

他们的初衷是通过改善工作条件等外在因素，找到提高劳动生产效率的途径。当时他们选定了继电器车间的六名女工作为观察对象。在七个阶段的实验中，项目负责人先后改变照明条件、工资水平、休息时间、午餐质量、工作环境等因素，希望发现这些因素与生产效率之间存在关联——这是传统管理理论所坚持的观点。但是很遗憾，不管这些因素怎么改变，实验组的生产效率一直未获提升，实验也以失败而告终。

为了提高工作效率，霍桑工厂请来包括心理学家在内的各种专家，在约两年的时间内找工人谈话两万余人次。专家耐心地与工人进行对话,在对话中不断听取工人对管理的意见与抱怨,使他们将想法与情绪尽情地表达出来。结果,霍桑工厂的工作效率大大提高。学者们终于意识到,人不仅仅受到外在因素的刺激,还受到自身心理因素的激励,霍桑效应由此而来。

谈话看上去并没有什么大不了,人们几乎每时每刻都在与自己或他人进行着各种各样的谈话,谈话可能发生在会议中、餐桌旁、旅游中等很多情景下。一大部分谈话会聚焦于某一个具体的事件,参与者一起解决眼前的问题。国际组织学习协会创始人彼得·圣吉在他的《对领导的省思》中谈道:"人们曾经认为对话的能力是一个人一生成长过程中最重要的能力之一。"

霍桑效应和彼得·圣吉都给我们提了一个醒:关注他人的情绪,听取他人的想法,与他人进行有价值的对话非常重要。在教练领域有一种近乎完美的对话方式,这就是ORID。无论是在工作中还是在生活中,ORID都是一个帮助对方疏导情绪、创建新的觉察、引发对方深度思考、促使对方产生新的行动的高效能工具。

运用ORID工具共分为四步(如图4-2所示)。

第一步,了解客观数据(Objective):了解对方在事件中看到的、听到的、经历的事实和现状。

第二步,了解情绪感受(Reflective):了解对方在事件中的情绪,主要是对方因为这个事件产生的情绪高峰、低谷。

第三步，了解价值想法（Interpretive）：引发对方对事件的深入思考，使对方表达对于事件的想法，并判断事件的意义与价值。

第四步，做出决定（Decisional）：让对方思考未来在遇到同类事件时如何行动。

图 4-2　运用 ORID 的四个步骤

我曾用 ORID 与女儿进行了无数次谈话。

有一次新年前女儿的学校要举办一场联欢会，女儿与另一位同学约定在联欢会的舞台上一起用古筝演奏一曲《渔舟唱晚》。女儿对此事非常重视，她坚持每天自己在家练习一两个小时，周末的时候和小伙伴在一起精心准备。联欢会节目预选的前一天晚上，女儿信心百倍地认为她们一定能够胜出。然而预选的当天晚上，女儿一到家，小眼睛红红的，还有点儿肿。我知道事情不妙，赶紧帮她从肩上取下书包，开始了我们的对话……

第一步，了解客观数据。

"看上去你的心情不太好啊，发生什么事了？跟我说说好不好？"就这一句话，女儿的眼泪瞬间哗哗地流下来。她一边哭一边讲，我一边听一边确定细节。原来她今天上场表演之前去了一趟洗手间，回来的时候发现小伙伴的琴被打闹的同学撞翻在地，后琴梁被摔坏了，因为琴坏了，所以两人没法上场表演，更没有参加联欢会表演的资格了。讲述就是疗愈，说完以后，她的情绪好像好了一些。

第二步，了解情绪感受。

"告诉妈妈你现在心情怎么样。"女儿接着边哭边讲，她感觉自己很愤怒，很无奈，很失落，觉得自己所有的努力都付之一炬。她说的都是负面的感受。我表达的大概是："嗯……是的……哎……我理解你……你心里一定很伤心……要是这事发生在我身上，我一定会更难受。"

随着我的倾听与理解，对方会感受到被接纳、被理解，她的情绪也会慢慢平复下来，只有当情绪处理好了，理智才会发生。

对话已经进行了大约二十分钟，当女儿将情绪与感受都释放得差不多时，我们进入第三步。

第三步，了解价值想法。

"我们来总结一下，从这件事中学到了什么呢？"女儿开始思索，并给出了让我感到惊喜的答案，她谈及三点：第一，要学会面对自己的失误；第二，既然她和小伙伴是一个小组，她就必须为这件事情负责；第三点，以后一定要保护好自己的东西。

问题引发女儿深层次的思考，帮助女儿找到这件事的价值和意义。说到这里她已经不哭了，还流露出大人一般认真、坚定的表情。于是我们进入第四步。

第四步，做出决定。

我对她说："你能从一件小事上总结这么多的宝贵经验，我真是太开心了。那么我们以后怎么做呢？"女儿思考后郑重地告诉我："妈妈，我们这次的努力并没有白费，有了这次的练习，下次我们上台的把握更大了。但是下次我一定会把所有同学的琴都放在安全的地方，看管好，我离开的时候一定要找个负责任的同学帮我们看着。"

运用ORID不但可以关注到事件的真实情况，展现双方对事件价值、意义的理解，更可以将事件作为一个礼物，使当事人有新的思考与行动。

你完全可以将ORID应用于工作、生活的方方面面，ORID不但可以帮助家人、朋友化解情绪和矛盾，更可以帮助你和下属跳出事件的影响，梳理事件，展开有益的讨论，做出新的决定与行动。

小 结

一个工具：ORID。

一个故事：女儿未能开始的演出。

一种思维：只有当情绪处理好了,理智才会发生。

一个实践：ORID 四步法：了解客观数据；了解情绪感受；了解价值想法；做出决定。

❺ 情绪管理工具

【三脑原理帮助人们管理情绪】

章锦是 IT 公司的一名程序员，一天下午三点，他的上司来到他身边对他说："小章，五点半到我办公室来一趟。"说完便离开了。上司离开了，章锦却愣了半天。回过神儿来后的那两个半小时，对章锦来说简直是一场煎熬。章锦心里充满了疑问、纠结与恐惧，他开动大脑，拼命想自己最近做过的所有工作，不停地琢磨，上司到底对哪一项工作不满了呢？一会儿见了上司，我应该如何应对呢？

上司的一句话竟然对章锦造成这么大的影响，这是为什么呢？

美国神经学专家保罗·麦克里恩提出了"三合一脑"（Triune brain）理论。麦克里恩认为人类的大脑经过不同的进化阶段，成长为三个部分，从里外向分别为性核脑（爬行脑）、情绪脑（哺乳脑）和智慧脑（皮质脑）。三个脑有着不同的结构和化学成分，每个脑通过神经与其他两个脑相连，但它们各自作为独立的系统运行，各司其职。

最中间的部分是性核脑，心理学称之为爬行脑，爬行脑是人类与动物都有的。爬行脑的主要功能是保证身体的安全，人类与动物的自然反应全部由爬行脑来控制，意识基本无法作用于此。

假设你正走在马路上，突然间迎面跑来一只凶猛的大狼狗，这一刻你一定会有一个非常微弱又经常被忽略的反应——呆住。这是人类在面对恐惧时的第一反应——冻结。冻结仅有非常短暂的一瞬，短暂得多数人根本无法觉察到它的出现。当狼狗继续朝你跑来的时候，你会做出第二反应——逃离。然而人类根本跑不过狼狗，很快就被狼狗追上了。这时候你会产生第三反应：对抗。当人在感觉遇到危险的时候，基本上会有这三种反应：第一，冻结；第二，逃离；第三，对抗。这也就是心理学中的战逃反应。

在大街上遇见凶恶狼狗的概率非常小，然而人类因遇到危险而启动战逃反应的事件却在真实的生活与工作场景中经常发生，当家长对孩子大声叫嚷时，上司批评、指责下属时，夫妻之间突然争吵时，当事人都可能在第一时间启动爬行脑，从而让对方产生逃离或对抗的意识。因此，在日常生活与工作中，我们需要创建安全、和谐的场域，从而为自己和他人提供足够的安全感，使爬行脑处于待机状态。

之所以是待机而非关机状态，是因为爬行脑是确保人类生命安全的大脑，它主管着一切与生存、安全相关的防御反应。爬行脑像是一个自动化运作的系统，以防御随时可能到来的危险。当人感到恐惧时，爬行脑便会被激活，自动产生战逃反应以确保生存。然而，爬行脑有时候也会犯错误，它会混淆假想的威胁和现实的危险。

心理学研究发现，爬行脑一旦启动，必然会带动第二个脑即情绪脑运作起来，情绪脑主管人类的情绪与情感。值得所有领导者注意的是，爬行脑启动带动情绪脑启动而产生的情绪基本上是负面的情绪，负面的情绪使机体进入一种战逃的亢奋状态，这样的状态有助于爬行脑对危险的对抗，从而加强爬行脑对生命安全的保护。假设你被狼狗追赶，被朋友救到了安全地带，在刚进入安全地带时，可能产生以下几种情绪：抱怨自己的运气实在太差；伤心甚至流泪；止不住的恐惧；后怕；等等。所有这些情绪无一不是负面的。我们常说冲动是魔鬼，人处于负面情绪中就会失去理智，同时也失去了思考与创造的能力。

当负面情绪逐渐消散，情绪进入平稳状态后，人类的第三个脑智慧脑才开始运作。在智慧脑开启的时候，你开始思考：为什么我会遇到这样的情况？是谁把这样凶恶的狼狗放到了大街上？

我的朋友怎么知道我正在被狼狗追？他为什么会在我遇到危险的时候出现？对了，我应该感谢我的朋友……

我们所熟知的万有引力定律，是牛顿坐在苹果树下时发现的。特殊形状物体体积的计算方法，来源于阿基米德进入浴缸的那一瞬间。洗澡的时候、坐在马桶上的时候、开无聊会议的时候、散步的时候、身处于大自然中的时候，我们的思维会特别活跃，很多难题都是在这样的状态下得到解决的，很多灵感正是在这样的状态下产生的。由此我们发现其中的规律：当一个人在放松、愉快的时候，智慧脑才会高速运作。

然而，在与下属或者与自己的孩子相处的时候，我们却常常有意无意地启动了对方的爬行脑。我们还会因为对方的做法和想法达不到我们的要求而心烦意乱，大发脾气，此时我们自己也受到情绪的影响，关闭了自己的智慧脑。

回到开头的案例中。时间来到了五点半，惴惴不安的小章准时来到了上司的办公室。上司开门见山地说："小章啊，这段时间你的各项工作完成得非常不错，同事们对你的评价也很高，加上你一直认真、负责、刻苦的表现，公司决定给你升职一级，薪酬也一并提升，对此你有什么想法啊？"小章再一次愣住了，接下来他的情绪变成了开心、兴奋，他的大脑在此刻开始快速地思考，他思考着升职以后，如何把工作做得更加出色。

这就是情绪的力量，当一个人处于正面、积极的情绪中，会燃起热情，着眼于未来进行思考。

　　三脑原理让我们认识到，很多时候我们都需要关注自己及他人的这三个脑。创建安全的、高信任度的场域，才能消除爬行脑与情绪脑带来的干扰，让大家处在放松、快乐的氛围中。当心中平和、快乐时，智慧脑就会受到激发，从而有所创造。

小　结

一个原理：三脑原理。

一个故事：因为要见上司而惴惴不安的章锦的故事。

一种思维：创建安全场域的思维。

一个实践：关注三脑需求，关闭爬行脑，保持平和与快乐，激活思维。

方向定位工具 ❻

【非常赋能的教练工具——生命意图】

每个人的领导力都是可以被培养、提升的,这种培养、提升正是我们开发"五维教练领导力"这门课程的初衷。在五维教练领导力体系中,我们将领导力分为五个层面:坚守目标;觉察事实;价值激励;资源创新;责任与使命。坚守目标是至关重要的第一层面。

很多时候人都在问自己:这一生我到底要去向哪里?我的终极目标是什么?我活着的意义是什么?用一生去探寻,也未必能够得到自己想要的答案,就像《后会无期》中那句经典的台词:听过很多道理,依然过不好这一生。

这让我们想到三个经典的哲学问题:我是谁?我从哪里来?我要去哪里?那么,一个领导者要去向哪里呢?一个领导者到底要坚守什么呢？非常赋能的教练工具——生命意图将有助于领导者明确定位与方向。

人一生中的大部分活动都与生命的八个维度有关，包括人的精神、与自己身体的连接、工作、与他人的关系、面对成功的态度、面对失败的态度、技术和能力、与环境的连接，简单总结为：精神、身体、工作、关系、成功、失败、技术和能力、环境（如图 4-3 所示）。

我们每个人在自己的生命历程中都会与这八个维度有所接触，这八个维度的核心便是我们的生命要去的地方，这个地方一定是正向、积极、充满阳光的。不论你是不是领导者，都需要找到自己生命的方向。

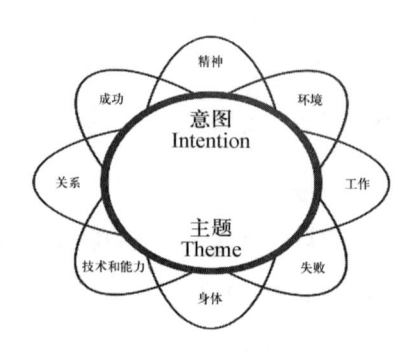

图 4-3　生命意图

看似庞大的一个生命话题，应用生命意图的框架来讨论就会变得简单。下面我以我与一位伙伴（周华）的对话为例来介绍这个流程。

第一步：关于工作、关系、精神和身体，各提一个问题。

第一个问题是关于工作的。问："你从工作当中学到了什么？请用一个关键词告诉我。"周华回答："经验。"我们要听到更多的有赋能性的词语，所以我接着问："经验带给你什么呢？"周华回答："经验带给我成长！"非常好，经验给周华带来了成长。成长是他在工作中获得的，于是记录下"成长"一词。

第二个问题是关于关系的。问："你从关系当中学到了什么？"周华回答："宽容、理解。"在应用生命意图这个工具时，在每个维度需要获得一个词，于是我请周华选一个他最喜欢的词，周华回答："宽容。"因此，宽容是他从关系中获得的礼物。

第三个问题是关于精神的。问："你想给孩子的一点建议是什么？或者你想让和你最亲近的小朋友经历什么？"周华回答："挫折。"如前文所说，生命意图是正向、积极、充满阳光的，一旦出现表达负面含义的词语，就需要将其转化为表达正面含义的词语，于是我接着问："你想让孩子通过经历挫折获得什么呢？"周华说："坚强。"太好了，在精神这个维度周华提炼的关键词是坚强。

第四个问题是关于身体的。"请你闭上眼睛，关注你的身体，身体向你传达的一个信息是什么？"这一问题帮助答者探寻自己与身体的连接。周华回答："疲惫。"接着问："疲惫在告诉你什么？它想让你的身体获得的是什么？"周华回答："轻松。"

通过以上的四个问题，我们获得了周华关于工作、关系、精神与身体的四个词，分别是：成长、宽容、坚强、轻松。接下来我开始了第二步。

第二步：用四个词"成长、宽容、坚强、轻松"，以"我"开头造一个句子。

需要说明的是，在所造的句子中不能出现"我想""我期待"，因为所有生命意图的表达都是关于已经存在的情况的。

于是，周华用探索出来的四个词造句为："我在成长过程中，变得更加坚强，更加宽容，整个人觉得轻松。""我在成长过程中"是正在经历的，而我们需要关注的是当下已经获得的、已经存在的，因此，需要对句子进行改造。周华修改的句子为："我拥有坚强的内心和宽容的胸怀，以及轻松的状态，并获得成长。"

非常好！句子造出来了。我邀请他将这个句子大声读十遍。读十遍的目的是，请他验证这个句子所表达的是不是他真的想要的，如果不是，还需要进行修改。如果有修改，那么在修改完以后，再读十遍。反复使用这种方式，以进行验证。

在完成了前两步后，我们获得了周华关于工作、关系、精神与身体的四个关键词，并且获得了一个句子。

第三步：关于成功、失败、技术和能力、环境，各提一个问题。

方向定位工具 ❻

第五个问题是关于成功的:"你从成功当中学到了什么?"周华回答:"坚持。"

第六个问题是关于失败的:"你从失败当中学到了什么?"周华回答:"勇敢。"

第七个问题是关于技术和能力的:"你的技术和能力,教会了你什么?"周华回答:"专业。"

第八个问题是关于环境的:"在环境中,你学会了什么?"周华回答:"包容。"

就这样,我们的对话又出现了四个关键词:坚持、勇敢、专业与包容。

第四步:再次以"我"开头,用这四个词造句。

这里要强调,因为生命意图是赋能的,所以不存在障碍,以"我"开头的句子所表达的,一定是已经存在的情况,而不是一个过程。

周华的句子是:"我坚持用我勇敢的心,不断地在专业领域突破,加之周围一切对我的包容,让我获得了更多的成就。"

因为每个人对以上八个问题的答案是不同的,所以每个人的句子也是不同的,关键在于探寻者自己接纳、喜欢。

请周华将新的句子大声读十遍,目的同样是验证。朗读的过程使周华与获得的词语产生更深的连接。

第五步:请周华从八个词中,选出三个他最喜欢的、最能给他赋能的词,用这三个词以"我"开头造句,再读十遍。

第六步:请周华从上面三个词中,再选出一个他最喜欢的、最能给他赋能的词。最终周华选择了"勇敢"。太好了,这时候周华的生命意图得以展现。

拿到这个词后,我们又做了最后的一步,引导周华去做画面的连接:"当你想到这个词的时候,你的脑海中会出现一个什么样的标志或画面?"周华几乎是毫不犹豫地回答:"在华山山顶看日出!"周华说,那一刻,他将爬山时的恐惧、一晚上没睡觉的疲劳、对工作的厌烦统统踩在了脚下,那一刻,他觉得自己就是王者。他说得很激动,很兴奋。

我给了他一个建议,将这个画面放在手机屏幕或者电脑屏幕上,也可以放在任何他喜欢的地方,每每看到它,都会获得源源不断的力量。

我们回顾一下,到最后我们拥有的是:一个用三个词造的句子;一个表示生命意图的词;一个画面。

笔者的微信名称后面是一个图像,那是一团火,因为我的生命意图是温暖。我做的一切都与温暖相关,我在追随我的生命做着我的人生选择,做我生命中的每一件事。

我记得很多年前,我的教练帮我探寻生命意图,这么多年过去了,它居然没有改变,它永远都在激励着我,永远都在提醒我,当出现一些诱惑或者内心产生一些动摇的时候,我很清楚地知道自己要去哪里。这就生命意图的力量。

领导者也可以帮助自己的员工探寻生命意图。探寻的过程会让我们明晰自己的生命意图，获得清朗的心灵与深刻的觉察，找到人生的使命。生命意图是一个与心灵相关的工具，是一个非常赋能的工具，相信你会喜欢这个工具。

下面我们对探寻生命意图的八个步骤进行总结。

1. 问四个问题（每个问题的答案都是一个表达正面、积极含义的词语）。

①你从工作中学到了什么？

②你从关系中学到了什么？

③你想让孩子经历什么？

④闭上眼睛，关注你的身体，身体向你传达的信息是什么？

2. 用上一步骤中得出的四个词以"我"开头造一个句子，并将句子大声读十遍。

3. 问四个问题（每个问题的答案都是一个表达正面、积极含义的词语）。

①你从成功中学到了什么？

②你从失败中学到了什么？

③你的技术和能力教会你什么？

④你从环境当中学会了什么？

4. 用上一步骤中得出的四个词以"我"开头造一个句子，

并将句子大声读十遍。

5. 从得到的八个词中选出三个最能够给自己赋能的词,用这三个词以"我"开头造一个句子,并将句子大声读十遍。

6. 从三个词中选出一个最能够给自己赋能的词。这个词就是生命意图。

7. 想到这个词时,头脑中出现什么标志或画面,这就象征着生命意图。

小 结

一个工具: 生命意图。

一个故事: 笔者的生命意图。

一种思维: 激发和赋能的思维。

一个实践: 七步探寻生命意图。

工作推进工具 ❼

【双轮矩阵：觉察事实，推进工作】

五维教练领导力的第二个层面是觉察事实，双轮矩阵便是与觉察事实相对应的工具。双轮矩阵最大的优点是同时刺激人的左脑与右脑，更容易让领导者本人及成员有更多的感受及觉察。双轮矩阵除了可以用于觉察事实，还有一个非常重要的功能就是推进工作。

双轮矩阵可以应用的场景非常多，如盘点工作的进展情况与效能，对项目进行阶段性检点，就某一项任务展开讨论，双轮矩阵这个工具可以帮助领导者、成员觉察现状，挖掘现状产生的原因，明确现状与目标之间的差距，确定达成目标的具体行动或者途径等。

顾名思义，双轮矩阵由两个轮子组成，第一个轮子是关于过去的，第二个轮子是关于未来的。很多人也会称双轮矩阵为平衡轮。

王总是汽车集团公司总部人力资源中心的总监，人力资源中心正在进行一个领导力提升的项目，王总对于这个项目的运作不是特别满意，他的成员们虽然也觉得项目运作没有成效，但又说不出来究竟哪里出现了状况。于是王总将与项目运营相关的负责人组织在一起，召开了一次分析计划会。会议上成员表示他们为项目做了很多工作，付出了很多努力，同时成员们也认可王总对于此项目的评价，却找不到更好的突破口。当会议陷入沉默时，王总开启了关于此项目的双轮矩阵。

第一步，罗列行动。

这一步需要做的是将与项目有关的行动一一罗列于轮子中。王总首先在挂图纸上画了一个大大的圆，并像切比萨一样将这个圆切成八等份。当他画完之后，有成员说："这真像个轮子"。"没错，这就是一个轮子。"王总说，"现在我们把这个轮子当作我们已经做过的重要工作，其中的每一份代表重要工作中的一项。刚才大家说我们为此项目做了很多工作，付出了很多努力，那么现在我们把它们一一填写到轮子中。"王总通过这种形式采集团队成员的有效行为，于是，成员们开始细数。

第一项工作是针对公司所有的领导者进行了一次调研。于是，将调研这件事记录在轮子的第一个扇形区。

第二项工作是专门就这个项目与总裁及人力资源中心总监（也就是王总）沟通，确定了项目的目标与方向。于是，将确定目标与方向记录在轮子的第二个扇形区。

第三项工作是向相关的领导力发展机构及行业中的标杆企业取经，总结了一些新的思路与方法。于是，将获得新的思路与方法记录到轮子的第三个扇形区。

成员还做了第四项、第五项、第六项、第七项、第八项工作。于是，八个扇形区都填满了。

在应用双轮矩阵的时候，会产生一种可能：在填到第三、四个扇形区以后，便填不下去了。这个时候需要抓住第一个创建觉察的机会，提出问题：当看到这些空白的时候，有什么感受？

第二步，评分衡量。

这一步要做的是给已经产生的行动打分。王总问他的成员们："假设每一项行动的理想结果是10分，我们来看一下，每一项行动可以打几分？"之后成员给每项行动的成果打分。

那么打出来的分数会不会都是10分呢？基本上不会。因为如果都是10分，这次对话或许就不存在了。

在完成打分的环节后，领导者最好可以依据成员打分的情况，在每一个扇形区用彩色笔涂上相应的颜色。这个可视信息可以充分刺激成员的右脑，使下一步沟通更加有效。

第三步，创建觉察。

"这项工作得分为8分，还有2分的不足是什么呢？"针对第二步打分的结果，通过这样的问题，引领成员创建觉察。

这就是双轮矩阵中的第一个轮子，第一个轮子关于过去已经发生的行动。在第一个轮子中，王总一共做了三步：第一步，找到与目标相关的所有行动；第二步，以理想结果是10分为标准，对每一项行动进行打分；第三步，引领成员对每一项工作中没有达到10分的部分产生觉察。

一位好的教练型领导者一定要具备两个方面的能力：第一是创建新的觉察，第二是创建新的行动。很显然在第一个轮子中，王总完成了"创建新的觉察"这项内容，他接下来开始"创建新的行动"。

第四步，创建未来。

王总在另一张挂图纸上，画了一个新的轮子，同样把这个轮子分成了八等份。"这个轮子代表项目的未来。接下来我们可以开始哪些行动呢？"在第一个轮子中罗列的行动与创建的觉察都需要体现在新的轮子中。

第五步，落地行动方案。

当成员将新轮子用八项新工作填满后，王总应用九宫格的方法，让成员们先定一个衡量的标准，基于衡量标准请成员们选择其中三个行动方案。当成员选择出来三个以后，王总可以有两种做法：第一种做法是直接形成落地方案；第二种做法是在三个方案中再选出一个，将其放进九宫格的第一格，重新运用一次九宫格，最终确定行动方案。

当然，双轮矩阵可以单独使用，也可以与九宫格、3F倾听等其他工具结合使用。双轮矩阵除了可以使应用者对过去的行动产生觉察以外，另一大功能是催生新的行动。双轮矩阵的应用场景非常多，只要对话涉及对过去的总结、对未来的规划，双轮矩阵都可以派上用场，甚至很多教练、领导者将其应用于工作以外的场景，例如将其用于亲子交流、夫妻交流中。

应用双轮矩阵需要以下五个步骤。

第一步：罗列行动。将与本次对话相关的行动罗列于轮子中。

第二步：评分衡量。以理想成果是 10 分为标准，为罗列出的行动打分。

第三步：创建觉察。针对评分结果，创建觉察。

第四步：创建未来。将焦点由过去转向未来，为了获得理想的结果，创建未来新的行动。

第五步：落地行动方案。为每一项新的行动确定目标分数，并确定相应的行动方案或计划。

其中第一、二、三步在第一个轮子中进行，第一个轮子是面向过去的轮子，是基于目标盘点过去已经做出的行动，对已经做出的行动进行打分衡量，促使团队产生觉察；第五、六步在第二个轮子中进行，第二个轮子是面向未来的轮子，它帮助人们确定新的行动方案。

小 结

一个工具：双轮矩阵。

一个故事：王总与成员的项目推进。

一种思维：创建新的觉察与新的行动的思维。

一个实践：五步盘点工作 + 确定新的行动方案。

路径选择工具 ❽

【找到自己的核心价值观】

五维教练领导力的第三个层面是价值激励。下面要介绍的路径选择工具就是帮助我们找到自己的核心价值观的最有效的工具之一。

什么是价值观？对于这个问题，很多人都有自己的观点。在我看来，价值观就是我们评判事物轻重缓急的标准。

人在一生中会做太多的决定，做有些决定时我们十分果断，而做有些决定时我们无论怎样都觉得不舒服。什么样的决定会让我们轻松地做出？什么样的决定会让我们做起来感觉有障碍？这背后的原因到底是什么呢？我们究竟会受到什么样的价值激励才会做决定呢？做决定的时候是什么在支持着我们呢？

人的一生由不同的选择叠加而来，做很多选择与决定都遵循着一些相同的规律。这个相同的规律就是一个人所持有的核心价值观，核心价值观是我们行为背后最关键、最稳定的评判标准。那么，一个人如何知道自己的核心价值观是什么呢？

路径选择工具核心价值观法会帮我们找到答案。

核心价值观需要通过对时间轴上过去、现在和未来三个时间段进行探寻才能找到。核心价值观的探索总共由 30 个问题组成，需要四个步骤。

1. 探寻基于过去的 10 个问题的答案

一共有 10 个问题：你从过去的经历中学到了什么？你小时候尊重的一个人有什么品质和性格？你过去最讨厌的人有什么品质和性格？当你想起父母，你最感激的一点是什么？……

每一个问题的答案中都会出现很多词语，我们将自己认为最恰当的、最能激发自己情感的词语选择出来。与生命意图的探索一样，如果出现了表达负面含义的词语，就要将其转变为表达正面含义的词语。

2. 探寻基于现在的 10 个问题的答案

基于现在也有 10 个问题：现在你总在思考的是什么？为什么？你现在的工作对于你来说意味着什么？什么让你开心？……

3. 探寻基于未来的 10 个问题的答案

在你八十岁的寿宴上，你最想要听到亲朋好友关于你说些什么？你最不想听到是什么？未来你为人类做了一个贡献，这个贡献会是什么？……

这样，我们就获得了有关过去、现在、将来的共 30 个问题的答案，形成 30 个关键词。

4. 提炼核心价值观

在提炼核心价值观时有三种方式。

（1）找出高频词

代表核心价值观的是在 30 个关键词中出现频率最高的词语。当然，30 个词语中可能并没有重复出现的词语，这时就要采取第二种选择方式。

（2）总结提炼

看到这 30 个词语，邀请对方用一个词来概括所有的词语。

几年前，我第一次做核心价值观确定时，便出现了这样的情况，获得的 30 个关键词没有重复。当时我突然觉得所有的词都在指向一个词——成就。于是成就便代表我的核心价值观。当然，随着时间的推移，一个人的核心价值观会发生变化。

（3）逐渐筛选

如果 30 个词不知用哪一个词来概括，或者出现频率最高的词不能代表自己的核心价值观，就可以在30个词中进行筛选。首先列出30个关键词，然后从30个关键词中先去掉14个，这样就剩下16个词；在此基础上再去掉6个，留下10个；再在留下的10个关键词中去掉5个；最后在剩下的5个中做出选择，获得代表核心价值观的一个关键词。

建议组织中的领导者先给自己与成员做"生命意图"和"核心价值观"这两项教练。当自己和成员面对选择的时候，在应对工作任务的时候，领导者可以时常提醒自己和成员："想想你的生命意图，想想你的核心价值观，依据它们你会做什么决定呢？你会怎么做呢？"当成员拿不定主意或者缺乏勇气需要我们赋能的时候，提出这样简单的问题，便可以获得答案了。他会说："哦！好了，知道了，我回去了。"是的，就是这么简单。

很多时候，生命意图和核心价值观可以帮助我们快速做出决定，因为我们每个人都在受到自己核心价值观的激励。

探寻核心价值观仅需要以下四个步骤。

第一步：探寻基于过去的10个问题的答案。

第二步：探寻基于现在的10个问题的答案。

第三步：探寻基于未来的10个问题的答案。

第四步：用三种方式之一提炼核心价值观。

小 结

一个工具：核心价值观法。

一个故事：笔者的核心价值观。

一种思维：长期陪伴的思维。

一个实践：四步找到核心价值观。

❾ 行动共创工具

【一种有效的行动共创工具——欣赏式探寻】

五维教练领导力的第四个层面是资源创新。前文提到，人都是有资源解决问题的。欣赏式探寻正是一个可以帮助领导者在组织中发掘更多资源的工具。

20世纪80年代以后，西方的各种各样的管理工具涌入了中国，使得国内各类型组织的管理能力不断提升，多数领导者都有同样的感受，几乎上班的每一天都在处理问题，程序问题、生产问题、质量问题、沟通问题、客户问题、成员问题、协作问题，等等，数不胜数。

在处理各种各样问题的过程中，我们往往将关注的焦点放在了问题本身。我们暂且把这样的管理方式称为"问题解决式管理"。这样的管理方式带来了几个问题。第一，让人身感痛苦，因为聚焦于问题的管理方式往往需要领导者不停地回顾过去的行动以及症结。第二，过往的经历使组织产生习惯性防卫，员工在工作中越来越束手束脚，工作效率越来越低。第三，大量的精力被用于避免问题的再次发生。员工尽量少提新的想法，一方面避免给组织系统带来冲击，另一方面避免惹事上身或者被他人视为异类，然而组织又必然需要变化与创新，以满足生存与发展、参与竞争的需要。

一部分领导者正在探索使用新的方法与工具，以摆脱困境，推动组织更加健康地发展。行动共创工具"欣赏式探寻"便是一个非常有效的工具（如图4-4所示）。

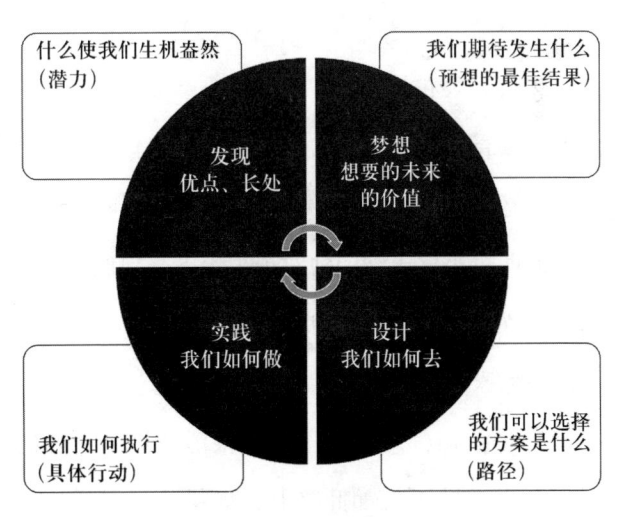

图4-4 欣赏式探寻

营销项目组组长杨杰垂头丧气地找到自己的上司郑总，向郑总反馈与大客户A公司的年度营销大单生意估计谈不成了。原来,杨杰带领的整个项目组这两天都像斗败了的公鸡,无精打采,杨杰实在忍不下去,向上司求助。于是,上司郑总组织了一场由郑总、杨杰以及项目组其他三位伙伴参加的对话。

郑总:大家都来公司几年了吧?张森,你是四个人中来公司最早的吧?

张森:嗯,是我,我来公司4年多了。

郑总:嗯!我们的业务元老了,你这几年为公司争取了不少的客户呢!我知道整个销售团队都叫你"师傅"。

张森:其实我也就是在公司时间久点,要说起业务能力还是薛昌强!

郑总:你们天天在外面跑,我都没机会跟你们这个项目组好好聊聊,今天难得你们都在,咱们来聊聊你们做业务这些年做过的,最让你们感到自豪的事情是什么。每个人说一件!

项目组的四个小伙子纳闷地对视了半天。他们都知道上司组织谈话肯定是为了A公司的订单这件事,可是上司只字不提订单的事,还跟大家聊起了天。

上司毕竟是上司,郑总心里当然很清楚这个项目的症结所在。然而,当下团队士气如此之低,如果一场对话从问责、检讨与批评开始,那么估计这帮小伙子就真的连一点儿战斗的心思都没有了。因此,郑总采用全新的方式来激发他们,这个全新的方式便是欣赏式探寻。

接下来,郑总便开始了第一步——发现。

郑总要发现什么呢?本书讲贡献原则时谈到,每个人都有自己的优势,但有时候,当人陷入具体的事件中时,可能会忘记了自己的优势。因此领导者需要通过对话的方式,引领员工回味自己的巅峰体验,从而唤醒员工的信念,帮助员工重拾信心。

项目组的小伙子们虽然纳闷,但既然郑总问起,便开始回想让自己最自豪的事。刚开始时大家还有些不好意思,随着旁边的同事又是补充,又是描绘的,四个人越聊越开心。刚进郑总办公室时,个个都耷拉着脑袋,这一翻回忆,脑袋又都抬了起来。郑总看到事情正在向好的一面发展,于是继续深化发现。

郑总:在座的四位都是在市场的枪林弹雨中闯出来的,你们的这些故事,不只是让你们自豪,也让我非常自豪。咱们一起总结一下在之前的成功中我们都发挥了自己的哪些优势,我们都有哪些好的经验。

四个人一愣,对于郑总的这个问题,他们还没有认真考虑过。郑总的提问引发了大家的思考,大家你一言我一语地总结了好多优势和经验。

薛昌:我觉得我当时做得最成功的就是前期对客户的了解特别深。

张淼:对于那个营销方案,我当时只有一个想法,那就是做出一个无懈可击的方案，一举拿下客户。除了求着公司财务一遍遍地将成本核算得清清楚楚，还想办法获得了几个友商的报价，当时真是使尽了浑身解数。

杨杰：我是一如既往地发挥了自己最大的优势，那就是咬定青山不放松的精神。

…………

当大家将优势与经验说出来之后，郑总再次深化。

郑总：好！让我们总结一下想签下一个大订单都要做哪些事。

于是四位伙伴又开始了思考与交流……

当第一步完成时，四位伙伴惊喜地发现，他们居然可以写出一篇关于如何签下大订单的文章了！

这就是上司郑总在欣赏式探寻中做的第一步：发现。那么发现了什么？第一，发现项目组每一位成员过去和现在的成功；第二，发现团队成员的优势和成功的经验；第三，发现其中的逻辑关系，追根溯源，找到成功的核心要素。

于是郑总顺利地进入欣赏式探寻的第二步。

郑总：你们这一生的目标是什么？今年的目标又是什么？如果今年的目标实现了，人生的目标也实现了，你会是什么样子？如果今年的目标实现了，人生的目标也实现了，你周围的人会因为你的目标的实现发生什么样的改变？

这个问题一提出来，四位伙伴完全沉浸在了自己成功的喜悦中。

这一连串的提问会赋能吗？答案是肯定的。郑总正是通过一系列的问题，使团队成员们发现他们自己的目标和方向，使他们看到自己与团队更多的潜能与可能性，使他们发现自己其实有信心挑战更为高远的目标，使他们看到目标实现将给他们带来的改变。这就是使命的力量，是一个赋能的过程。这也是郑总进行的第二步——梦想。

当团队的激情被重新点燃后，郑总开启了第三步——设计。

郑总：我们来看看，为了今年的目标，我们可以做些什么？

在这个过程中一定要不停地问"还有呢"，用"还有呢"引领团队不断地思考，找到更多需要做的工作。

当收集到足够多需要做的工作后，进入欣赏式探寻的第四步——实现。

在第四步中，将焦点放回A公司的年度订单。通过前三步的对话，整个团队的士气、状态与能量已经有了很大的变化，并且已经找到了成功的关键因素。这时候可以使用本书中的工具，如九宫格、双轮矩阵，来确定详细的行动计划和方案。

欣赏式探寻这个工具最核心的要点是——肯定与欣赏。欣赏式探寻中的每一步都需要引发思考和觉察，并使人展开面向未来的积极探索。欣赏式探寻是激发自己、成员与团队的潜能，创造资源的好工具。我们来总结一下运用欣赏式探寻的步骤。

第一步：发现（过去）。

第一，发现过去与现在的成功；第二，发现成功的优势与经验；第三，提炼核心。

参考问题：在××领域，最让你感到自豪的事情是什么？在这次成功中你发挥了哪些优势？你获得了哪些好的经验？你认为成功的关键是什么？

第二步：梦想（未来）。

通过梦想的引领，看到更多的潜能与可能性，增强信心，赋能心智。

参考问题：你这一生的目标是什么？今年的目标又是什么？如果今年的目标实现了，人生的目标也实现了，你会是什么样子？你周围的人会因为你的目标的实现发生什么样的改变？大家会对你有什么反馈？

第三步：设计（现在）。

找到实现梦想、目标的路径。

参考问题：为了梦想的实现，我们可以做些什么？为了今年的目标，我们可以做些什么？除此之外还有呢？还有呢？

第四步：实现（行动）。

确定路径，做出行动方案，推动行动产生。

参考工具：九宫格、双轮矩阵以及其他教练工具。

小 结

一个工具： 行动共创工具——欣赏式探寻。

一个故事： 杨杰的团队项目重新落地的故事。

一种思维： 肯定与欣赏的思维。

一个实践： 四步完成行动共创：发现、梦想、设计和实现。

❿ 赋能引领工具

【逻辑层次——不同的层次会产生不同的能量】

五维教练领导力的第五个层面是责任与使命。责任与使命是每一个组织、每一个团队乃至每一个人都需要拥有并承担的。无论是在组织经营场景下、社会团体场景下，还是在家庭场景下，逻辑层次这一工具均能帮助人们找到责任与使命，并将责任与使命落地至具体行动与能力提升上。

当成员没有在规定的时间内完成工作，领导者会如何与成员沟通呢？如果你就是这位成员，下面的领导者的说法中哪一种会让你觉得特别不舒服。

第一种：最近公司的事情太多了，每个部门的每个人都忙得不可开交，但是工作还是要完成。

第二种：最近这段时间，我看你上班的时候总是看手机，跟同事聊股票，所以工作没能完成。

第三种：这么一项简单的工作你都没能按时完成，你是不是没有放在心上，还是你脑袋里面少根筋？

第四种：你连这么简单的工作都没有按时完成，我是不会帮你做的，工作不是做不好，就是完不成，我看你就不是个认真工作的人，你让我以后怎么再把工作交给你啊？

以上的四种沟通方式会让听者越听越难受，越听越觉得不是滋味，这样的沟通是一种"上纲上线"。不但我们的思想、情绪有能量，我们的语言也有能量，人类的语言存在着层次，不同的层次会产生不同的能量。

我们将要介绍的教练型领导者工具为逻辑层次。逻辑层次一共有6个层级，由下往上分别是：环境、行为、能力、价值观、身份和系统（如图4-5所示）。

在与人聊天时，人们通常有三种感觉。第一种感觉，觉得聊天很累，总是说不到一起去，感觉对方总是陷在某一个地方出不来。第二种感觉，聊天很舒服，总有说不完的话，有种"酒逢知己千杯少"的感觉。第三种感觉，对方总是能够引领你思考，让你觉得特别过瘾，想要一聊再聊。这是为什么呢？产生第一种感觉，因为你的对话层级比对方高；产生第二种感觉，因为双方的对话层级基本一致；而产生第三种感觉，则是因为对方的对话层级高于你。

金字塔图：

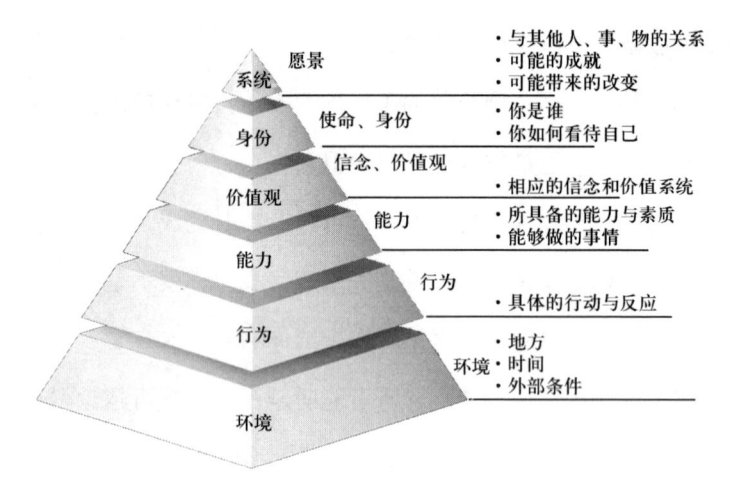

- 系统 —— 愿景 · 与其他人、事、物的关系 · 可能的成就 · 可能带来的改变
- 身份 —— 使命、身份 · 你是谁 · 你如何看待自己
- 价值观 —— 信念、价值观 · 相应的信念和价值系统
- 能力 —— 能力 · 所具备的能力与素质 · 能够做的事情
- 行为 —— 行为 · 具体的行动与反应
- 环境 —— 环境 · 地方 · 时间 · 外部条件

图 4-5 逻辑层次

逻辑层次将事件与思想分成了六个层级，如果想要找到一件事情的解决方案，将一件事情看得更加透彻，想得更明白，就需要去上一层思考。站得高，就能看得远，到了一个层次，就会发现问题的解决思路与方法特别容易显现出来。

我今天的进步是因为公司提供了良好的平台，并且同事们都很努力，也给了我很大帮助。——这是环境层面的内容。

卫宇在做产品策划的时候，采访了公司 40% 的大客户和 20% 的中小客户。——这是行为层面的描述。

担任项目经理这个职位，我在统筹管理方面的能力还很有限，我一定要努力提升。——这是基于能力层面的分析。

卫宇是一个很可靠的人，把事情交给他绝对不会错。——这是价值观层面的判断。

以前我带团队的时候，像妈妈带孩子一样亲力亲为，根本就不是一个领导者，顶多像个保姆。——这是身份层面的判断。

你在公司内部起到了非常好的标杆作用，你的勤奋、努力与强烈的责任心给我们整个销售团队的士气与业绩带来了积极影响，公司特别感谢你！——这是系统层面的解读。

从以上的表述示例中我们可以发现，如果是正向的语言，层级越高越赋能。

让我们把场景转换到家中：你下班回家，在开门的时候想，我儿子应该在做作业吧，我得好好奖励他，然而你一推门，却发现书包丢在地上，儿子半躺在沙发上，手边放了一罐可乐，正拿着手机玩游戏。此时你会怎么与他沟通？我们一起用除了环境层以外的五个层级进行一次尝试。

"儿子你在玩游戏啊！"——行为层面。

"一回家就玩游戏，一点儿学习的习惯都没有。"——能力层面。

"一回家就玩游戏，你是不是觉得100分是天上掉下来的？你玩着游戏就能上大学？你也太天真了吧！"——价值观层面。

"怎么看你都不是一个好学生，更不是一个好儿子！"——身份层面。

"老子当年就不该把你生下来。"——系统层面。

这便是语言层级。从以上的话语示例中不难发现：正面的话语，越往上就越赋能；负面的话语，则越往上越伤人。

因此在沟通中不要轻易进入上三层（信念、身份、系统），如果要进入，请一定记得：上三层只能用来做一件事情，就是正面认可与赋能。因为当人在上三层得到肯定以后，会有更大的意愿在下三层做出积极的改变。通常在帮助对方寻找积极意图时都会在上三层进行，因为当一个人看到自己对于系统的影响，看到自己身份的价值的时候，就会受到激发，从而在能力、行为与环境层面做出努力与改变。

肖斌是一位优秀的销售员，在公司半年度销售额排名中排第一。销售主管将于两周后离职，因此公司决定提拔肖斌做销售主管。在接到任命书的第二天下午，销售经理便与肖斌展开了一场对话。

经理：你现在是主管了，有什么打算？

肖斌：我觉得有好多事要做。总之公司这么看重我，让我当主管，我就要做一个好主管，让公司和同事都满意。

经理：那么你会做哪些事情让自己成为一个好主管？

肖斌：经理，说真的，我就是觉得有好些事情要做，但是从哪里入手，我还没想好。

经理是基于行为层面在与肖斌谈话，然而肖斌没有答案，怎么办呢？带领他往上走一级。

经理：你觉得自己具备什么能力的时候，就会成为一个好主管呢？

这个提问使肖斌的思维层级由行为层上升到了能力层，高了一个层级。

肖斌：要是我有很强的管理能力，应该可以做一个好主管。

经理：为什么管理能力对你来说这么重要呢？

经理此时在探索肖斌需求背后的原因。

肖斌：有了管理能力，我就有办法管理好销售人员了，我就可以制订出更加可行的销售计划。另外，过程中我也可以对销售人员进行适当的激励了，还有……

经理：如果你具备了你想要拥有的管理能力，并且实现了你刚才说的这些价值，你会有什么变化呢？（达到身份层面）

肖斌：我就有领导力、影响力了，我就是个好的销售主管了。

经理：当你成了一个好的主管时，哪些人会因为你的改变而受益呢？

肖斌：我自己就更加自信了，我的团队业绩就更好了，还有我的家人也会受益。

我们看到，肖斌已经找到了一个好主管的价值、身份，并且看到了他成为好主管给整个系统带来的好处，此时销售经理的赋能已经到了最高级，肖斌也因此而产生了足够的动力。在完成了逻辑层次上面三层的赋能以后，需要将焦点从上面三层转移到下面三层，以将愿景、目标落实于实际行动与能力提升中。

经理：如果要达到你所说的这些，你接下来会怎么做？

肖斌：我可以做很多事情，我可以向公司申请管理人员能力提升的培训机会，我可以买一些书回家看，我还可以向老销售主管请教怎么定销售计划，怎么管理销售员，我还可以……

我们看到，肖斌已经在行为层面规划了可以落地的行为。在此基础上，经理再往下走一层。

经理：什么时候做呢？在什么环境当中做呢？

肖斌：管理人员能力提升的培训，我想一会儿就去培训中心了解一下，请他们一个月内帮我安排，到时候我向您递交申请；管理类的书籍您现在能不能向我推荐几本，我晚上就可以在网上买，明天就能到货；至于向老销售主管请教，明天我就可以找他们先聊聊……

最终，销售经理顺利地引领肖斌回到逻辑层次的行为与环境层面，设计了详细的行动方案。这便是逻辑层次在工作场景中的实际应用。

逻辑层次这一工具可以帮助我们进行更多的思考，更重要的是，它可以帮助我们探索所有行为背后的使命、意义与价值。

以肖斌提升管理能力为例，如果销售经理只是告诉肖斌想要提升管理能力，需要参加培训，需要看书，还需要向其他销售主管请教，肖斌只会被动地听取经理的建议，或许在肖斌看来，这不是建议而是要求，在这样的"听取"中或许还有负面的情绪，执行的效果更是需要打问号。

当经理用逻辑层次与肖斌沟通时，肖斌自己找到了提升管理能力的动力，看到了自己提升管理能力带来的价值与产生的影响。由此可以看出，在管理能力提升这个行为的背后存在着使命与价值。同时，这些行动方案都是肖斌出于自己的需求而思考出来的，执行的情况一定会比被动接受领导的方案好很多。当然，在肖斌不断努力提升能力的过程中，销售经理的持续跟进也是必需的。销售经理的持续跟进可以用九宫格、双轮矩阵、3F倾听、强有力提问、ORID等教练工具来实现。

我们来总结一下：逻辑层次一共有六个层次，由下往上分别是环境、行为、能力、价值观、身份和系统。逻辑层次是一个灵活的工具，领导者在使用此工具时不必拘泥于层次顺序，完全可以在对话的过程中依照当时的情境与对方的状态选择进入其中的某一个层次，只要对话能够赋能，帮助对方创建新的行动方案，形成正向积极的循环。

小 结

一个工具：逻辑层次。

一个故事：肖斌的能力提升计划。

一种思维：赋能的思维。

一个实践：由下至上找到使命,由上至下落地行动方案。